# 子どもの「問い」が立ちあがる

上越教育大学
附属小学校

編著

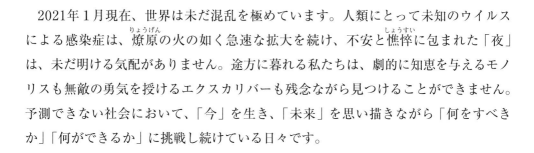

# ──問うこと 生きること

　2021年1月現在、世界は未だ混乱を極めています。人類にとって未知のウイルスによる感染症は、燎原（りょうげん）の火の如く急速な拡大を続け、不安と憔悴（しょうすい）に包まれた「夜」は、未だ明ける気配がありません。途方に暮れる私たちは、劇的に知恵を与えるモノリスも無敵の勇気を授けるエクスカリバーも残念ながら見つけることができません。予測できない社会において、「今」を生き、「未来」を思い描きながら「何をすべきか」「何ができるか」に挑戦し続けている日々です。

　人が生きることは「問う」ことと重なると考えます。人は生を享（う）け、人間としての成長を続けるなか、様々な「問い」が生まれます。人や事象とのかかわりからわき起こる思いは、時に「問い」となって自身の心を大きく動かし、「〜せずにはいられない」感情を生むこともあります。「問う」行為は人間が原初的に備えた能力ですが、生きる環境や関係性の中でさらに発揮され、新しい価値を創造したり、物事を再生産したりするダイナミックな力へと結ばれます。つまり、「問い」と行為の往還は、人間が人間らしく生きる営みの源であり、人間の成長を支える活力とも捉えることができます。

　1973（昭和48）年から当校では、総合的な教育活動を教育活動の柱に「体験と学び」を大切にした教育課程開発研究を進めています。ある子どもは、羊とのかかわりを通しながら「互いの幸せ」に思いを馳せ、自分と羊の世界を日々つくり続けます。また、ある子どもは、地域の商店街に足繁く通い、人気の少ない町並みから寂寥（せきりょう）の思いをもつものの「現代のニーズ」という大きな壁に、悩み続けます。どの子どもも、「今」を生きるなかで出あう人や事象に心が大きく動き、意志ある主体として、新たな自分や新しい世界をつくろうとするエネルギーに満ち溢れています。

　今こそ、未来を力強く切り拓く人間の育成が教育現場に求められています。当校の取組がこれから目指す教育の一助となることを信じ、今日も私たちは子どもの立ちあがる「問い」に心惹かれ、歩み続けるのです。

2021年3月

上越教育大学附属小学校副校長　　松岡　博志

## contents

子どもの「問い」が立ちあがる　目次

# 第1章

# 「問い」を取り巻く環境

上越教育大学附属小学校長
上越教育大学教授

大場　浩正

# 「問い」が自ずと立ちあがる

　子どもが自分の認識をつくる過程においては多くの要因が関与しており、その過程に最も影響を与えている要因の一つが問いであると考えます。学校現場においては、教師から子どもへ問い（課題）が投げかけられ、子どもが一生懸命に考えて答えます。そして最後に教師がフィードバックを与える形式が一般的です。しかしながら、子どもが実社会の中で活用することのできる、生きて働く知識・技能を身に付け、自分の生き方や未来を拓いていくためには、「問い」が自ずと立ちあがり、自ずと思考し、時には仲間との対話を通して解決に向かうことができる教育活動を展開していく必要があるでしょう。

　今、世界の急激な変化と共に、社会では「課題発見・解決力」「創造力」を軸とした人材の開発競争が進行しています。そのような社会の流れの中、日本の産業や地方創生の現場において、誰もが自ら問いを立て、解決に乗り出し、そしてたとえ小さくても変化を生み出せる「チェンジ・メイカー」の資質を獲得すべき時代が来ています[1]。学校教育においても、このような創造性を身に付け持続可能な社会の創出者としての児童が、これからの社会を生き抜くために必要である資質・能力を育むことを目指して学習指導要領が改訂されました。また、そこではどのような資質・能力の育成を目指すのかが明確にされています。すなわち、(1) 生きて働く「知識・技能」の習得、(2) 様々な状況に対応できる「思考力・判断力・表現力等」の育成、そして(3)「学びに向かう力・人間性等」の涵養の3つの柱です。さらに、それらの育成のための学び方として、「主体的・対話的で深い学び」を実現する教育活動が鍵となります。

　「主体的な学び」とは、興味や関心をもち、見通しを持って粘り強く学ぶことです。そのためには自ら課題を設定・解決し、その過程を振り返り、どのような資質・能力が身についたかを意識することが大切です。言い換えれば、自らの学びをコントロールする自己調整学習ができる状態であります。「対話的な学び」とは、自分とは異なる多様な他者と対話し、自身の考えを広げたり、深めたりすることです。他者との対話的な交流は、既存の知識を拡張し、これまでの認識をつくり変え、新たな課題を生み、協同的な課題解決を促すでしょう。「深い学び」とは、知識を相互に関連付けてより深く理解したり、情報を精選して新しい考えを形成したり、問題を見つけて解決策を考えたり、思いや考えを基に創造していくことです[2]。

# 子どもが夢中になる

　大切なことは、子どもが自分の思いや考えを基に、夢中になって学びの対象と向き合い、時には他者との対話を通して、自ら立ち上げた疑問の解決に試行錯誤する姿と考えます。しかし、子どもの学びの場において、主体的に問いをもちながら学びを深める過程に立ちはだかる壁が存在すると言われています。安斎・塩瀬（2020）は、その壁を「認識」と「関係性」の固定化として捉えています[3]。

　認識の固定化とは、「当事者が暗黙のうちに形成された認識（前提となっているものの見方・固定観念）によって、物事の深い理解や、創造的な発想が阻害されている様態」のことです。人間は生活の中で様々なものに対する認識をつくり、また、変化させていきます。その過程で学習したり集団に馴染んだりしていきます。学校生活においても、学年が上がり新しいクラスに所属した時、最初は新しい環境で不安になることや戸惑いもあるかもしれませんが、徐々に慣れてきて学習や様々な活動が進みます。しかし、人間は慣れてくると獲得した新しい認識を意識せず当然のこととみなし、自動化され、固定していきます。

　このように認識が当然のこととなり、固定化されると「なぜ」という問いをもたなくなり、あらためて問うことがなくなります。そして、無意識に自動化された認識は、新しいことを学習する場面において変化の足かせになることがあります。従って、子どもたちが、常に柔軟的に対象に向き合い、心が揺さぶられるような体験が必要となってきます。

　一方、関係性の固定化とは、「当事者同士の認識に断絶があるまま関係性が形成されてしまい、相互理解や、創造的なコミュニケーションが阻害さている状態」のことです。ペアやグループ、クラスあるいは学校というコミュニティー内であっても各構成員の「当たり前」の認識には当然ながらズレがあります。認識も知らない間に固定化されていくように、他者との関係性も時間の経過とともに安定的に固定化されていきます。クラスの中で暗黙のうちに形成された関係性、いわゆる人間関係は、自然に変わっていくことはそう頻繁に起きることはないでしょう。

　このように固定化されてしまった「認識」と「関係性」は変化が難しく、歪<ruby>歪<rt>いびつ</rt></ruby>なまま固定化してしまうと、その集団は課題解決や学習の方向性を誤った方向へ導くと安斎・塩瀬は述べています。もしそうであれば、このような集団内では本当に解決していくべき問題の質を深めることもできず、むしろその本質を見失ってしまう可能性もあるでしょう。

# 「問い」が様々な「質」を深める

　認識に関しては、そのズレが新たな「問い」を生む可能性もありますが、関係性については、その固定的な関係が仲間との創造的な対話を阻害し、対話を通して自ら再考し、批判的に省察することを難しくするかもしれません。このことに関して、Kim（2001）は、学習する組織（集団）において「成功するためのコア理論」を提案しています[4]。この理論によると、例えば、子どもに立ちあがる「問い」に関する何らかの解決としての「結果の質」を高めるためには、まず、「関係の質」を高めることが大切です。関係の質が高まると相互理解が深まり、お互いを尊重・信頼するようになり、共に課題に対して考え、「思考の質」が高まります。思考の質が高まることによって問題の様々な側面を深く考えることができるようになり、多種多様な見方・考え方を共有できるようになります。そして、自発的に行動し始め「行動の質」が高まります。行動の質が高まると、主体的に計画・調整し、課題解決に向けて献身的に行動や行為をつくり、最終的には大きな成果が得られます。結果として、さらに信頼が深まり関係の質が向上していきます。つまり、「関係の質→思考の質→行動・行為の質→結果の質」のサイクルが課題の探究にとって大切であり、大きな成果を上げるためには、チーム内の関係の質を高めることが必要不可欠であります。

　「問い」への解決など結果だけを真に追い求めると、それが逆にプレッシャーになったり、思うように進まない時には介入を求めたり、他者との意見交流が逆効果になることもあり、関係性にブレーキがかかることもあります。「問い」が立ちあがり深まる教育活動においては人間関係の構築にも目を向ける必要があると考えます。また、思考の質が深まるための話し合い活動では、その対話の質が大切であり、人間関係の質が大きく関わってくるかもしれません。相手の考えや意見を受容し認めながらも、批判的に考え、異なる意見を述べることができるかは関係性の質が重要な役割を果たします。反対意見が出ることで人間の多様性を感じ、それを容認することで関係性が豊かになり、さらには、その異質性によって新たな知が創造されていきます（田村、2018）[5]。

　しかし、「問い」を通して対話を積み重ねていくことによってワクワクしたり、モヤモヤしたり、刺激されることもあるでしょう。むしろ、「問い」自体が刺激的であり思わず対話したくなるものである場合、子どもたちは夢中になって「問い」と向き合い、認識や関係性をつくり変えていくこともあるでしょう。関係の質が高い場合のみ、思考の質も高まるのではなく、対話によって今まで思いもしなかった考えに触れ、思考が深まることによって良い関係性が構築され、更なる問いやアイディアが創発されることもあります。安斎・塩瀬はこのような対話を創造的対話と呼び、問いが

創造的対話の引き金になり、その対話がさらに別の問いを生み出すと述べています。

## 「問い」が創造的対話を誘発する

　ここでは、子どもの中に「問い」が立ちあがり、さらに深まっていく過程において、子どもがもっている物事への認識と他者との関係性が大きく関わっていることを述べました。また、「問い」が誘発する創造的対話によって子どもたちの認識と関係性が再構築されていく可能性にも言及しました。もちろん、子どもの発達段階による差異など、さらに多くの変数が子どもの「問い」が立ちあがる過程に関与しています。その過程における教師の役割もまた重要です。子どもの活動に積極的に働きかけかけながらその「場」を動かそうとする場合もあれば、少し距離をおいて子ども自身がその「場」を動かす自発性や自律性を促そうと試みる場合もあります[6]。すなわち、教師はファシリテーターとしてその場の素早いアセスメントを通して、次の一手を考えながら子どもの豊富な体験を後押しし、子どもに「問い」が立ちあがる環境設定を行う「黒子」でもあります。

　詳細につきましては、この後に続く理論編を参照してください。また、それらを具現化した実践編における子どもの生き生きとした「問い」が立ちあがる姿および「自分をつくり未来を拓く子どもが育つ学校」を感じて頂ければ幸いです。

〈参考文献・資料〉
1）未来投資会議構造改革徹底推進会合：「企業関連制度・産業構造改革・イノベーション会合（雇用・人材）（第3回）資料5」,2018.
2）文部科学省：『小学校学習指導要領』, 2017.
3）安斎勇樹・塩瀬隆之：「問いのデザイン　創造的対話のファシリテーション」, 学芸出版社, 2020.
4）Kim, D. K., *Organizing for learning: Strategies for knowledge creation and enduring change*. Pegasus Communications, Inc, 2001.
5）田村学：「子どもの様子をどう見取るか」,『学校運営』,No. 686, pp.16-19,2018.
6）加藤文俊：「会議のマネジメント　周到な準備、即興的な判断」, 中央公論新社, 2016.

第**2**章

理論編

# 01 子どもの「問い」が 立ちあがる教育活動

## 活動における子どもの姿から

　当校が教育課程の中核に据えている創造活動（本書p.20参照）で、5年2組では、地元商店街を繰り返し訪れて買い物をしたり、お店の人やお客さんにインタビューしたりする様子を映像にしてきました。30年前の商店街が今以上に多くの人でにぎわっている様子を映像で視聴した子どもは、次のように話しました。

> 「（30年前の商店街の映像では）あんなに商店街がにぎわっていたのに、いつも商店街に行くと人通りが少ない。もしかしたら商店街が無くなってしまうかもしれない……。商店街がにぎわって、いつまでも残るようにしたい。」
> 「商店街がにぎわうように、私たちが毎月イベントを開くといいんじゃないかな。」
> 「私たちは商店街でインタビューしてきた様子を番組にしているから、イベントの様子を番組にしたり、イベントで番組づくり体験をしたりするといいと思う。」
> 「でも、イベントの日だけにぎわっても、その後もにぎわいが続かないと意味がない。イベントの日だけで全てのお店にいいことが起きることは難しい。」
> 「なぜ商店街の人通りが減ったのかを考えることが大事。商店街のよさを知らない人が多いと思うから、SNSで商店街には老舗が多いという魅力を発信するといいと思う。」

　地元商店街のにぎわいをつくりたいという思いと、自分たちの活動とを結び付けて、子どもは考えを述べ合いました。子どもはその後も話し合いを重ね、商店街の魅力や商店街に携わる方の思いや願いを伝える番組をつくり、市内の各地でその番組を放映しました。このように、子どもが活動の対象である商店街と豊かにかかわり、自分にとって大切な商店街について熱を込めて真剣に考え、行為する一連の子どもの姿を、子どもの「問い」が立ちあがる姿ととらえました。

## 子どもの「問い」が立ちあがる姿

　当校では、子どもが思いや願いを基にして、物事の実現や解決に向かって真剣に考え、「どうすればよいのか」、「本当にこれでよいのか」などと自らに疑問を投げかけながら創造的に思考したり行為したりする姿を、子どもの「問い」が立ちあがる姿ととらえています。先述の5年生は、商店街に対する思いが自然と溢れ出し、「どうしたら商店街ににぎわいをつくることができるか」と自らに疑問を投げかけながらアイデアを出し合い、具体的な行為へと結び付けていったのです。私たちはこのように一連の過程で子どもを見つめることを大切にしています。子どもは、連続した学びの

営みの中で、自らつくってきた知識や経験を確かにしていくと考えるからです。したがって私たちは、「問い」のみを切り取って検討したり、刹那的に子どもの姿を思い描いたりすることはありません。

## 子どもの「問い」が立ちあがる教育活動づくりで大切にしていること

　子どもの「問い」が立ちあがる教育活動には、子どもの思いや願いが湧き上がる対象とのかかわりが必要です。そのような対象のもつ価値について考え抜くのは教師です。また、子どもの発達の差異を鑑み、柔軟に構想・展開をつくり変える教師の活動づくりも基盤となります。つまり教師が、自身の問題意識を背景に、子どもと対象との豊かなかかわりを思い描き、子どもの「問い」が立ちあがる姿をとらえて活動を柔軟につくり、つくり変えることが重要なのです。

## 子どもの「問い」が立ちあがる姿への着眼がもたらすもの

　先述の5年生は、地元商店街を繰り返し訪れて取材したことを映像にする活動を通して、「商店街で買い物したりお店の人と話したりする楽しさ」、「商店街には魅力的な商品がたくさんあること」、「長い間地域に親しまれてきた商店街の老舗」、「商店街に携わる方の努力」といった商店街の魅力に気付きました。それらは、「商店街の魅力をもっと知りたい」「商店街の魅力をたくさんの人に伝えたい」「商店街がもっとにぎわってほしい」という思いや願いへとつながっていきました。しかし、思いや願いの実現に向かう過程で、子どもは、商店街のもつ魅力と日常的に訪れる大型ショッピングモールの利便性といった2つの価値の対立や、商店街に携わる方の思いと自分たちの思いとのズレに葛藤し始めます。子どもは、「商店街にしかない魅力とは何か」「つくった番組は商店街の方の思いが伝わる内容になっているか」と自らに疑問を投げかけながら番組づくりに取り組みました。そして、番組をクラスで見合って意見を述べ合ったり、商店街に携わる方からアドバイスをもらったりしながら編集しました。こうして出来上がった番組を上越市内の各地で放映したのです。

　このように、子どもの「問い」が立ちあがる姿に着眼することにより、教師は子どもの学びを切り分けることなく一続きの道筋としてまるごととらえることができます。そうすることで、子どもは、長いスパンで対象と自分のかかわりを見つめたり、活動で得た知識と知識をつないで新たな問題を見いだしたりして、連続性のある活動をつくっていきます。その中には、対象とのかかわりを自らひろげながら、生き生きと躍動し続ける子どもの姿があります。それは、自らが生きる世界をつくり、つくり変えていこうとする姿です。生活の主体として生きる世界をひろげ、自分の生き方をつくっていく子どもの姿は、これからの社会、未来を力強く切り拓く姿と重なるのです。

# 02 子どもの「問い」が 立ちあがる活動づくり

## 学年による子どもの発達の差異に着目する

　私たちは子どもの「問い」が立ちあがる活動づくりをする中で、1年生から6年生までの子どもが同質の体験をしていても、学年によって見られる子どもの姿が異なることに着目しました。そして、その違いから子どもが生きる世界をどのようにつくり、ひろげているのかをとらえていくことが、年間活動構想や日々の活動をつくる上でも重要だと考えました。そこで、各学年で子どもの「問い」が立ちあがる姿に見られる「体験する姿」「思考、判断する姿」「他者とかかわる姿」を集積し、学年による発達の差異に着目することにしたのです。

　1年生の子どもからは、今起きた出来事や目の前にあるもの、その子に直接関係のあることなどから活動をつくり、ひろげていく姿を見ました。一方で6年生の子どもからは、ある出来事を過去や未来、現在の社会状況とつなげて考えをつくり、多様な視点からその出来事のとらえをひろげていく姿を見ました。子どもの姿を基にして、1年生から6年生までの姿を集積し、その特徴を見つめていったとき、時間や場所、集団・社会に対する認識や概念に、学年による差異が見え、それが子どもの「問い」が立ちあがる活動づくりに大きくかかわっていることが見えてきました。

## 「子どもがみている世界のひろがり」をとらえようとする

　私たちは、学年による【時間】【空間】【集団・社会】のとらえの差異を右頁の**図**にまとめました。この図を基に学年による発達の差異について説明します。

　子どもは「今、ここ、私」を中心にして、【時間】【空間】【集団・社会】のとらえをひろげていきます。図の中心は今この瞬間であり、その場所やそこにいる私自身を指します。目に見えるものや具体的な【時間】【空間】【集団・社会】を指していると考えてください。反対に同心円の外側は、いつか、どこか、だれかといった抽象的で不特定な【時間】【空間】【集団・社会】を示しています。学年が上がるにつれて、子どもは成長とともに重ねた様々な経験や蓄積した知識や情報から、みえる世界がひろがり、目の前にあることから、遠く離れたことや、直接見ることができない抽象的で概念的なことまで思いを巡らすことができるようになるのです。

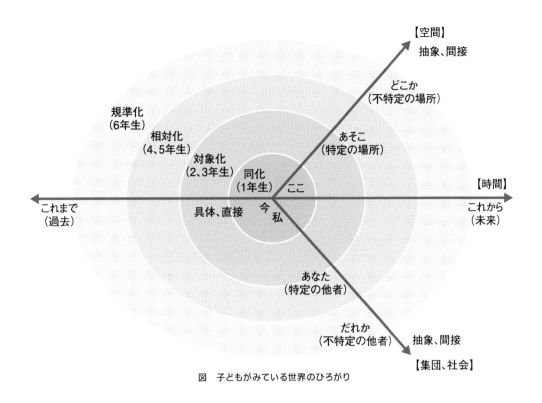

**【空間】**
抽象、間接

どこか
（不特定の場所）

規準化
（6年生）

相対化
（4、5年生）

あそこ
（特定の場所）

対象化
（2、3年生）

同化
（1年生）

ここ

**【時間】**

これまで
（過去）

具体、直接

今
私

これから
（未来）

あなた
（特定の他者）

だれか
（不特定の他者）

抽象、間接

**【集団、社会】**

図　子どもがみている世界のひろがり

## 学年による子どもの特徴的な様相を勘案する

　これを基に、子どもと対象とのかかわりを教師がとらえようとしたとき、そこにも学年による子どもの特徴的な様相が見えてきます。

　そこで私たちは、それぞれの学年の子どもが対象とかかわるときに見えた特徴的な様相を同化、対象化、相対化、規準化という言葉で表すことにしました。そして上図にあるように、1年生では「同化」、2・3年生では「対象化」、4・5年生では「相対化」、6年生では「規準化」して、対象とのかかわりをつくる様相としてとらえたのです。以下、それらの特徴的な様相について説明します。

〈同化〉

　1年生の子どもの姿は、「今、ここ、私」を象徴するような姿が現れるといえます。1年生は対象とのかかわりが具体的であり、直接的です。あなたではなく、私にとってどうであるかということが物事を考えたり判断したりする上で非常に重要です。対象に自分を重ねるような様相を見せるのが特徴だといえます。

〈対象化〉

　2・3年生の子どもは、1年生と同様に具体的で、直接的です。しかし、特定の他者とのかかわりが強くなり、グループをつくったり、集団で何かを成し遂げようと行動したりすることが増えます。仲間の声を聞きながら対象とのかかわりをつくってい

きます。対象から少しずつ自分を離して対象をとらえようとする様相を見せるのが、特徴だといえます。

〈相対化〉

　4・5年生からは、「今、ここ、私」から一気に円が大きくなっていくことに特徴があります。それは物事を俯瞰してとらえられるようになるためです。物事を自分や自分の周囲の考えだけではなく、集団や社会とのかかわりから客観的にとらえる傾向が強くなります。論理的思考、判断が色濃くなることで、対象を様々な物事との関係や比較からとらえようとする様相が見えるのが特徴といえます。

〈規準化〉

　6年生は過去や未来への関心が高まり、知識や経験を手がかりに、過去や未来を想像したりします。直接見たり、触ったりできない対象でも、様々な情報を手がかりにしてとらえたり、あらゆることを意味付けたり、価値付けたりしながら、自らの中に判断規準をつくり、対象を大局的にとらえようとする様相が特徴だといえます。

　子どもの「問い」が立ちあがる教育活動を構想・展開するにあたって、こうした「子どもがみている世界のひろがり」から対象とのかかわりに見える子どもの特徴的な様相を勘案することで、子どもの志向に基づいた活動をつくっていくことが可能になるのです。教師はこれらのことを勘案した上で、教育活動をつくっていくことが大切です。

## 「子どもがみている世界のひろがり」を基に活動をつくる

　ここからは、「子どもがみている世界のひろがり」を基に活動をつくる上で大きな柱となる対象の設定やねらいの定め方、環境づくりについて説明します。

### ①対象を設定する

　対象とは、子どもがかかわりをつくる「人・もの・こと」を指します。活動づくりにおいては、対象を基に活動内容が決まることから、どのような対象を設定するのかが活動を大きく左右するといえます。教師が社会状況に対するアンテナを高くした上で、自身の問題意識を基に対象を設定することが大切です。対象が内包する教育内容にはどのようなものがあり、子どもはその対象からどのような体験ができるのか、そして子どもがどのように自分をつくるのかを思い描くことで活動が定まっていくのです。その際に、「子どもがみている世界のひろがり」を勘案すれば、1年生から3年生は直接的・具体的なかかわりが可能となり、子どもにとって身近、もしくは身近になっていく対象が相応しいといえるでしょう。一方、4年生以上は社会とのつながりが強くなる段階であり、対象を多角的・多面的にとらえたり、様々な物事との関係を

比較したりする活動を設定することが、子どもの姿に寄り添った活動につながるといえるでしょう。

## ②ねらいを定める

　子どもは対象とのかかわりから様々な思いや願いをもち、あらゆる方向に活動を発展させていきます。そのため教師はその多様な子どもの姿を思い描いたり、子どもの探究を後押しするための意図的なはたらきかけを用意したりする必要があります。そこで、ねらいには子どもの多様な学びの道筋を包含しながら、活動の方向性を示すことが重要です。そこで以下のような視点でねらいを定めます。

> 体験を通して、思考、判断したり、他者とかかわったりしながら、自分をつくる。

　ねらいには、子どもは〈何を〉体験することを通して、〈どのように〉思考、判断し、〈どのように〉他者と協働しながら、〈どんな〉自分をつくるのかということを思い描きます。実際の子どもの姿に「子どもがみている世界のひろがり」を重ね合わせながら、活動の方向を定めていきます。

## ③環境をつくる

　環境をつくるとは、教室環境のような物理的な環境から、教師の意図的・継続的な内的はたらきかけまでを含みます。子どもが対象とかかわりながら、「もっとやりたい」「こんなふうにしたい」と思いや願いを膨らませるような場を教師が準備したり、材料や道具を用意したりすることが大切です。また、活動を通じて「なぜだろう」「どうすればよいのだろう」などの矛盾や葛藤、対立に出合うような状況をつくることも必要な環境づくりになります。目に見えたり直接はたらきかけられたりできる環境に加え、対象を取り巻く必要な知識や情報に適宜出合う環境をつくっていくことで、子どもが対象の新たな一面に出合い、そこから思考・判断したり、他者と協働したりする場面を意図的につくっていくのです。

# 03 「創造活動」をつくる

## 「創造活動」とは

創造活動とは、対象とかかわる豊かな体験を通して、物事を深く見つめて考えたり、多様な他者と共に様々な視点からとらえ直したりしながら、生きる喜びをつくり、自分の生きる世界をひろげていく活動です。

創造活動で、思わず夢中になってしまうような対象と出あった子どもは、「やってみたい」「こうしてみたい」という思いや願いを実現しようと、目を生き生きと輝かせながら活動します。対象とよりよいかかわりをつくろうと自身の思いや願いを基にはたらきかけながら、対象の意味や価値を見つめ、対象に対する自分の認識をひろげていきます。また、対象とのかかわりを深めていく中で、対象に関連する社会の課題に出あい、自分の行為や考えを創り出していきます。そうしたことを繰り返す中で、子どもは自分の生活を深く見つめ直したり、かかわり続けてきた対象の側から物事をとらえたりしながら、新たな自分を発見していくのです。このように創造活動を通して、子どもは、自らの意思で行動し、自らの思いや願いを実現しようとしたり、社会の課題の解決を図ったりしながら、生きる喜びをつくり、自分の生きる世界をひろげていきます。

## 体験を重視し、子ども一人一人を大切にした教育活動

創造活動において、最も重視しているのは、子どもが夢中になる豊かな体験です。私たちが考える体験とは、対象とのかかわりから生まれる思いや願いを基にしながら子ども自らが行為をつくり出していく営みのことです。ですから、私たちは、子どもがどのように対象とかかわりながら物事をとらえてきたのかということを常に見取るように心がけています。そうすることによって、子どもが見ている世界から活動を見つめることができるのです。

私たちは子どもの活動の様子や対話、作文シートの記述などを基にしながら、学びの道筋を見取るようにします。同じ対象と出あっても、対象に対するかかわり方や見

方、とらえは一人一人異なるからです。そうした対象とのかかわりから生まれる思い
や願いを子ども一人一人が実現できるように、教師は道具や材料を用意したり、環境
を整えたりするなどの手立てを講じていきます。子ども一人一人を教師が大切に見取
り、子どもと共に活動をつくっていくことで、子ども自身が対象とのかかわりをつく
り、つくり変え、対象の見方やとらえをひろげていくのです。

　1年生は動物や場づくりなどを対象とした実践が多くあります。それは、子どもが
対象と具体的で直接的にかかわるからです。旺盛な好奇心に支えられ、毎日のように
対象とかかわりながら、対象をまるごととらえたり、日常の楽しみをつくったりして
いきます。6年生はまちや職人などを対象とした実践が多くあります。それは概念的
なものにまで、とらえをひろげて対象とかかわるからです。子どもは、これまでの経
験も取り入れながら、対象とかかわり、知的なおもしろさを見いだしたり、社会や文
化などの視点をもち多角的に対象をとらえたり、対象の可能性について新たな考えを
生み出したりしていきます。子どもは小学校生活6年間の創造活動を通して、具体的
で直接的な対象だけではなく、抽象的で概念的な対象にもかかわりをつくりながら、
物事を広く、深くとらえるようになり、自分の生きる世界をひろげていくのです。

## 創造活動における「問い」が立ちあがる子ども

　様々なスポーツとのかかわりをつくっている3年生は、フライングディスクを使っ
たスポーツに出合い、ディスクを投げることそのものの楽しみを味わいました。「こ
の線からどっちが遠くに飛ばせるか勝負しよう」とルールや競技性を共有し、場をつ
くり変えながら、他者とスポーツすることに楽しみをひろげました。「得意な人だけ
が楽しいのはスポーツじゃないよ」と悩みを話した子どもは、スポーツをすることの
意味を見つめながら、自分とスポーツのよりよいかかわりをつくり、新たなルールを
つくっていきました。

　校地内に公園をつくりながら、公園とのかかわりをつくっている4年生は、みんな
が楽しめる公園をつくりたいと遊具をつくり始めました。遊具の完成が近づき、他学
年にいつ開放するかを話し合う中で、せっかくつくった遊具を壊されたくないという
考えと、開放できなければそれは公園じゃないという考えが現れました。自らがつ
くった公園を大事にしたいという思いとみんなに使ってもらいたいという思いの間で
葛藤しながら、公園をつくる意味について考えを深め、自分たちの公園をつくり変え
ていきました。

　これらの事例のように、対象とのかかわりから生まれた思いや願いを実現しようと
したり、社会の矛盾や対立の解決に向かってはたらきかけようとしたりする子ども
は、子どもの「問い」が立ちあがる姿だと考えます。子どもの「問い」が立ちあがる

姿を具現することによって、子どもはよりひろく対象をとらえたり、より活動を充実させたりすることができるのです。

## 子どもの「問い」が立ちあがる創造活動の要件

### ①「創造活動において対象とかかわる子どもの4つの様相」を踏まえて構想する

　私たちは、創造活動において、子どもが対象とどのようにかかわるのかを見つめ続けてきました。すると、創造活動における子どもの「問い」が立ちあがる姿にゆるやかな差異があり、「創造活動において対象とかかわる子どもの4つの様相」に整理することができました。

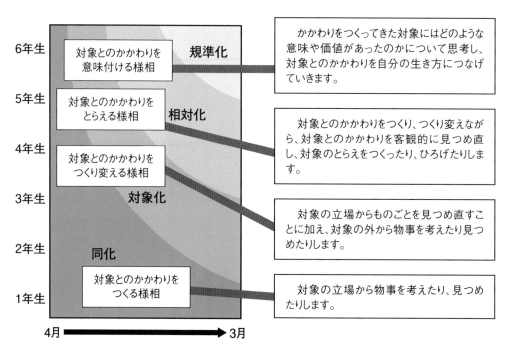

創造活動において対象とかかわる子どもの4つの様相

　1年生では、年間を通してヤギやヒツジなどの動物といった具体的な対象とのかかわりをつくりながら、学校生活を豊かにしていきます。1年生にとって学校は新しい環境であり、子どもは新たな他者とのつながりをつくったり、自分の居場所をつくったりします。学年が上がるにつれて、対象とのかかわりをつくり変える様相、対象とのかかわりをとらえる様相も現れます。6年生では、まちや里山といった対象と直接的にかかわりをつくりながら、対象が内包する社会の課題に向き合い、自分と社会とのつながりを意味付けていきます。目の前で起きていることだけではなく、遠く離れた物事も視野に入れながら、自分の生き方をつくっていきます。

教師にとって「創造活動において対象とかかわる子どもの4つの様相」は活動づくりの拠り所になります。例えば、6年生の担任が、まちを対象に活動を構想したとします。「創造活動において対象とかかわる子どもの4つの様相」を見ながら、4月から3月まで子どもがどのように学びの道筋をつくっていくのか、年間を通して詳細に思い描きます。4月はまちに繰り出してまちの人とおしゃべりしたり、まちの文化建造物に足を踏み入れたりするなど、子どもがまちとのつながりをつくっていくことをまずは大切にして思い描くのです。だから、4月にいきなり「自分にとってまちとはどのような存在であるのか」「まちはこれからどのようにあるべきだろうか」といった、まちの意味や価値を考えるようなことはしません。まちとのつながりがつくられていない子どもが、いきなりまちの意味や価値を考えたところで、実感を伴ったものになり得ないからです。このように、「創造活動において対象とかかわる子どもの4つの様相」を踏まえて、教師が活動を構想・展開することによって、子どもは対象への愛着を深め、実感を伴いながら、対象のとらえをひろげていけるのです。

## ②対象とのかかわりをひろげる事実との出あいを設定する

子どもは、対象とのかかわりを通して、活動を多様につくったり、自分のやりたいことにとことんのめり込んだりしていきます。その過程で、自らの思いや願いを実現しようとしたり、社会の矛盾や対立の解決に向かってはたらきかけようとしたりしていきます。そんな子どもが今見ていることを教師はとらえ、手立てを講じていくのです。その手立てに大きくかかわるのが、対象とのかかわりをひろげる事実です。対象とのかかわりをひろげる事実は、豊かな体験を繰り返してきた子どもにとって身近で、対象に直接的にかかわる事実から、書籍資料やインターネットの情報などの対象に間接的にかかわる事実までを示します。

例えば、ヤギの飼育をしてきた1年生では、母ヤギが出産を間近に控え、足取りが重そうに歩いている事実に気付いた子どもが、母ヤギを無理矢理散歩させるのではなく、そっと寄り添う方がよいと自らのヤギとのかかわりを見つめ直しました。一方、切り絵やお茶を繰り返し楽しみながら、多様な国の文化にふれてきた6年生は、それぞれの国の文化の背景を知る必要があると、他国のことを調べたり、日本と他国の文化の違いをまとめたりしながら、自国についてのとらえをひろげていきました。これらのことから分かるように、学年によって対象とのかかわりをひろげる事実に質の違いがあることが分かります。

子どもが、創造活動の時間に対象とのかかわりをひろげる事実と出あうことを通して、活動に変化を生み、より充実した活動へとつくり、つくり変えていくことによって、子どもの「問い」が立ちあがる教育活動を具現していくのです。

# 04 「実践教科活動」をつくる

## 「実践教科活動」とは

　実践教科活動とは、各教科ならではの対象とのかかわりを通して、生きてはたらく知識や技能を自らの中につくったり、仲間と共によりよく問題を解決したりしながら、世界の見方をひろげていく活動です。

　実践算数科で、図形と図形の重なりに面白さを感じた子どもは、図形ブロックを組み合わせ、学年共有スペース一面を規則的に並ぶきれいな模様で埋め尽くしました。実践理科で熱伝導の実験において、ビーカーの中の水をサーモカメラを通して見つめた子どもは、水と金属のあたたまり方の違いに気付き、仲間に語り出しました。実践体育科のオリジナルラグビーゲームでは、対戦相手の守備ラインを突破しようと、フェイントを織り交ぜながら仲間と息を合わせて攻めるという自分たち独自の攻め方を編み出しました。これらの姿のように、私たちは、子どもは対象とかかわりながら、生きてはたらく知識や技能を自らの中につくり出す存在であるととらえています。

　このような子ども観に立って、それぞれの教師が各教科を見つめ直した私たちは、教えるべき内容や伝達しなければならない情報から活動を構想するのではなく、対象と出あった子どもの「遊びたい」「やってみたい」「知りたい」「調べたい」などの思いや願いから活動をつくることに価値を見いだしました。そして、対象とのかかわりをつくり変えながら活動を繰り返す中に、子どもの「問い」が立ちあがる姿があると考えるようになりました。このような過程の中で学ぶ子どもが自分自身の中に生きてはたらく知識や技能をつくり出すことを実践教科活動では大切にしています。

　現代社会は先行きが不透明で、明確な未来のビジョンが見えづらいとも言われています。だからこそ、子どもが、自分自身の思いや願いから主体的に学びながら自らの中に知識や技能をつくり出していく実践教科活動を通して、自分自身の手で自らの未来を切り拓いていくと考えているのです。

## 「実践教科活動」における「問い」が立ちあがる子ども

　実践教科活動は、子どもが、対象とかかわりながら生まれる「遊びたい」「やってみたい」「知りたい」「調べたい」などの思いや願いから活動が展開されます。子どもは、これまであまり身近に感じていなかった対象と出あったり、普段からかかわり

のある対象でも、これまで気付かなかった新たな一面にふれたりすることから疑問や考えが生まれてきます。そこで生まれた疑問や考えから、子どもが対象とのかかわりを広げていく中で、子どもは生きてはたらく知識や技能をつくっていきます。

　2年実践算数科「ぴったりパズル」では、それぞれがつくったマイパズルをお互いに解き合いました。友だちのマイパズルを解きながら、「○○さんのマイパズルは、『かくかく角』（直角のこと）が多いから簡単だったよ」「この長い線（辺のこと）がある三角が邪魔でむずかしい」などと話をしながらパズルを解き合う姿は、対象とのかかわりをひろげる多様な子どもの姿であると考

えます。算数科の学習内容でもある図形の構成要素として、辺の長さや数、頂点の数、角の大きさなどに着目しながら、生きてはたらく知識や技能をつくっていったのです。子どもが対象と出あい、かかわりを深め、自らの疑問や不思議から、課題や問題を明らかにし、自らの方法で解決しようとする一連の行為を、子どもの「問い」が立ちあがる姿ととらえています。

## 子どもの「問い」が立ちあがる「実践教科活動」をつくる

### ①教科ならではの対象の価値を見つめること

　実践教科活動は、子どもが生きてはたらく知識や技能をつくり出す教育活動です。そのためには、各教科の学習内容、各教科の特性、または各教科を学ぶ意義などを内包した教科ならではの対象と、子どもを出あわせることが必要です。

　私たちは、対象を選ぶ際に、その対象がどのような教科の学習内容が含まれているのか、各教科の特性、または各教科を学ぶ意義を考慮しながら、子どもが対象とのかかわりからどのように世界の見方をひろげていくのかを考えます。

　先に述べた実践算数科「ぴったりパズル」で「パズル」を対象にして活動を構想した笠井将人教諭が、教科ならではの対象の価値を見つめる視点として根幹にもっていたのは「算数科は、子どもが日常の場面を数や図、形など、数理的な表現でとらえ直すことが大切である」という算数の教科観でした。このような実践教科活動を構想・展開する教師が考える各教科の教科観は、各教科ならではの対象の価値を見つめる時に重要な一つの要素となります。教科ならではの対象の価値を見つめながら、対象と

かかわる子どもがどんな楽しみをつくるのか、またどのように行為し、どのような生きてはたらく知識や技能をつくるのか、一人一人の多様な道筋が共有されることで、どのように学級集団の知識や技能が蓄積されるのか、といったことを思い描くのです。このように考え抜かれた対象と出あい、体験を繰り返すことで、子どもの「問い」が立ちあがる教育活動が具現化されるのです。

## ②子どもが生きてはたらく知識や技能をつくる過程における行為の変容を思い描きながら、環境をつくること

　子どもがどのような対象と出あい、かかわりを深めるかを思い描くことは実践教科活動を構想・展開する上で重要なことです。そして、子どもの思いや願いから活動をつくる実践教科活動において、子どもと対象とのかかわりの現れである行為は、絶えず変化していくものです。活動の構想当初に思い描いていた子どもの姿よりも、目の前にいる子どもが質の高い歩みを進めていくことがしばしば見られます。だからこそ、私たちは、子どもと共に活動し、子どもの行為の変容を見取り、環境をつくり変え続ける必要があります。ここで言う環境とは、物理的なものや人だけでなく、集団によってつくられる雰囲気や教師が設定するルールまでを想定しているものです。

　子どもの行為の変容を思い描きながら環境をつくっていった実践例として、3年生の実践社会科「スーパーマーケット調査隊」から、子どもの行為の変容と環境づくりの具体について説明します。提案者である五十嵐徳也教諭は、「地域のスーパーマーケット」を対象とした時に、スーパーの内部のつくりや流通の流れだけに留まらず、それぞれの地域の戸数や幹線道路の位置といった、地域をかたちづくる特色にまで子どもが思考をひろげることができると考えました。そこで、上越市の主な道路、施設、河川が明記された白地図を作製し、子どもに渡しました。学校近くのスーパーを見学したり、各家庭で利用しているスーパーについて記録したりしてきた子どもは、これまでに訪れたことがあるスーパーの位置を確認し始めました。そこで、五十嵐教諭は何色かのポイントシールを子どもに渡し、スーパーの位置に貼るように話しました。A社は赤、B社は青……というように、会社ごとに色分けをし、どこにどんなスーパーが在るのかを視覚的にとらえられるようにしていったのです。大きな幹線道路の近くに多いことや、A社だけが広範囲にわたって店舗を有していることに気付き始めました。

　このようにして一人一人がまとめた白地図を学級で共有している中、「学校近くの〇〇スーパーが明後日閉店なんだよ」と話す子どもがいました。それに続けて、「わたしの家の近くにある国道沿いに1週間後に□□スーパーがオープンするんだって」と話す子どもがいました。スーパーの推移に目を向け始めた子どもをとらえた五十嵐教諭は、さらに30年前に実際にあったスーパーとその場所を示した白地図を子ども

に示しました。そうすると、
つくり変えられたそれぞれの
白地図は、今あるスーパー
と、過去にあったスーパーが
視覚的にとらえられるように
なりました。そして、子ども
は、スーパーがある地域とな
い地域、スーパーがなくなっ
た地域と新たにできた地域な
どを比べながら、その背景に

ある戸数の変化や道路の変化、また自分たちの生活スタイルの変化など、社会の一部
としてのスーパーの存在を見つめ、一人一人がスーパーの立地について自分のとらえ
をつくっていきました。

　「スーパーマーケット調査隊」の実践例で述べたように、対象と出あった子どもが
どのように行為を変容させていくのかを思い描くことによって、子どもが対象とかか
わりながら、どのような学びの道筋を歩んでいるのかをとらえる必要があります。そ
して、子どもの姿から、環境をつくり変えることで、子どもが思いや願いを膨らませ
ながら活動する姿、つまり子どもの「問い」が立ちあがる教育活動を具現することが
できるのです。

# 05 「実践道徳」をつくる

## 「実践道徳」とは

　子どもは、自身の体験を通して得た実感を基に、自分の思いや願いに気付いたり、問題に向き合ったりしながら思考し、自分を見つめることができる存在であると考えます。私たちはこのような子ども観をもちながら、実践道徳の実践を進めています。実践道徳とは、豊かな体験から湧き出る思いや願い、矛盾や葛藤

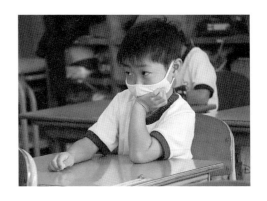

を基に、他者と共によりよさを追求しながら、道徳的な価値観をつくり、人間としての在り方や自分の生き方を見つめる活動です。実践道徳では、子どもが活動の中でとらえた問題や事実について、仲間や教師と共に見つめたり、議論したりする過程で、仲間の考えにふれたり、自分を深く見つめ直したりすることによって、一人一人の子どもがそれぞれの道徳的な価値観をつくり出していきます。実践道徳の活動において、子どもが自らの歩みで道徳的な価値観をつくることを私たちは何よりも尊い営みであると考えているのです。

## 「実践道徳」を構想する

　子どもが自らの歩みで道徳的な価値観をつくることを思い描き、私たちは実践道徳年間活動構想（図1）を作成します。実践道徳年間活動構想は、創造活動や実践教科活動、集団活動によってつくられる1年間の学校生活の中で、多様な体験と深い思考とを連続させる姿から、子どもがどのように道徳的な価値観をつくっていくのかを思い描きます。

　例えば、創造活動で公園を主な対象とし、地域の公園を訪れたり、自分たちの手で校地内に公園を建設したりする4学年の学級では、次のような視点から、実践道徳年間活動構想をつくります。

・ 子どもは地域や自分たちでつくった公園でどのように活動をひろげ、どのような問題に向き合うことになるのか。

- 地域の公園を訪れる人や、自分たちでつくった公園にアドバイスをくださる人との出会いから、どのように活動を変化させ、思考を深めていくのか。
- 活動を構想する教師自身が、公園をどのように利用し、どのような場であるととらえ、公園に対してどのようなよさや問題を感じているのか。

図1　創造活動で公園を主な対象とする4学年の学級の実践道徳年間活動構想

　このようなことを勘案しながら、子どもが活動の中で矛盾や対立を感じる場面とその内実、仲間と議論することを通してつくられる道徳的な価値観を思い描きます。子どもは1年間の学校生活の中で、多様な体験を重ねていきます。体験を通してどのように思考を深め、道徳的な価値観をつくり、つくり変えていくのかを、子どもの1年間を見通して構想するのです。こうすることで、道徳的な価値観をつくることを視点としながら、目の前の子どもをとらえ、子どもの姿を基に、実践道徳を構想・展開することができるのです。

## 「実践道徳」における子どもの「問い」が立ちあがる姿

　子どもは、活動をしながら様々な思いや願いをもちます。思いや願いをもった子どもは、その実現に向けて創造的に思考し、行為し始めます。この思考と行為を連続させる過程において、様々な道徳的な価値観をつくり続けているのです。しかし、子ど

もは活動しているときに自らの中につくられる道徳的な価値観を自覚していないことが多くあります。そこで、子どもの学校生活の中で生まれる切実な問題について、一旦立ち止まり、実践道徳の時間に深く思考することを通して、自分を見つめ、道徳的な価値観をつくる姿に、私たちは、子どもの「問い」が立ちあがる姿をとらえました。

　各学級での実践道徳における子どもの「問い」が立ちあがる姿を見つめ続けてきた私たちは、次のような4つの道徳的な価値観をつくる姿を見いだしました。

---

### 道徳的な価値観をつくる姿

**【表出】** 思いや願いを実現しようとする時の自分を見つめ、なぜそう思うのか、対象にとってのよりよさとは何かについて深く思考しながら、発言や文章で表す姿。

**【自問】** 自分自身の中で矛盾していること、自分と仲間との間で対立していること、または自分の行為と社会の事実との間で矛盾したり、価値が対立したりしていることについて深く思考し、選択しようとする姿。

**【創出】** 自分自身の中で矛盾していること、自分と仲間との間で対立していること、または自分の行為と社会の事実との間で矛盾したり、価値が対立したりしていることについて深く思考し、自分が納得できる新たな選択を創り出そうとする姿。

**【伸張】** 実践道徳の時間に話題にしていることとその背後にある現代的な諸課題とを結び付けながら、人間としてよりよく生きるということについて思考を深める姿。

---

　これらの4つの姿は、それぞれが特定の学年で現れるものであるとは考えていません。この後の【実践編】で述べられるように、ヒツジと共に生活をつくってきた1年生の実践道徳では、自らの生きる世界における矛盾や対立と向き合い、自問したり創出したりしながら道徳的な価値観をつくる姿が見られました。これらの4つの姿を思い描きながら実践道徳を構想・展開するということは、これらの姿を1つの視点とし、目の前の子どもと対象とのかかわりをとらえ、一人一人がどのように道徳的な価値観をつくるのかということを考えることなのです。

## 子どもの「問い」が立ちあがる「実践道徳」をつくる

### ①子どもと共に生活する一人の人間として生活の事実を見つめる

　実践道徳で、子どもは自らを見つめ、深く思考することを通して道徳的な価値観をつくっていきます。子どもが夢中になって活動し、対象とのかかわりを深める過程において、自らの道徳的な価値観をつくっていることに気付いたり、変化していることを表したりすることは難しいと考えます。だからこそ、一旦立ち止まり、子どもが自らの中につくってきた道徳的な価値観を見つめる時間が必要なのです。このような実践道徳の時間をつくるために教師は、学校生活において子どもが何を見つめ、何に喜び、悲しみ、どのような違和感を抱えているのかを鋭く感じ取る必要があります。だ

からこそ私たちは、子どもと共に生活する一人の人間として、様々な喜びや悲しみ、違和感を共有するということを大切にしています。何度も柵から出てしまうヒツジについて「なんで出ていってしまうのだろうか」「ここにいたくないのかな」と考える子ども。様々なニュースポーツに取り組む中で、他の学年と対戦することについて思考し、「スポーツの楽しさを伝えたい」「年上の学年と対戦すれば自分たちがもっと強くなれる」と、スポーツで対戦することの意味や価値を見つめる子ども。これらのように思考を深め、道徳的な価値観をつくる子どもが、どのような体験をしているのか、またどのように変化してきたのかを見つめるには、子どもと同じ世界を生き、同じ景色を見ることが必要です。そうすることで、子どもの生活の事実、つまり「子どもが体験の中で抱く思いや願いを具現しようとするとき、自分や仲間の行為の中に現れる矛盾や対立」を、子どもと教師とが共有することができるのです。

　私たち教師は、一年間の活動の中で、子どもがどのような生活の事実を見つめようとするのかを思い描き、実践道徳年間活動構想を作成するとともに、日々の活動の中で、子どもの発言や作文シートの記述、活動中の子どもの姿などから生活の事実を見いだすことができる存在でなくてはならないのです。

## ②道徳的な価値観の自覚を促し、対象の新たな一面にふれる手立てを思い描く

　実践道徳の活動の中で、子どもは仲間との対話、教師との対話を通して、自分自身とも対話するようになり、その過程において道徳的な価値観をつくります。一人一人が異なる考えや価値観をもつからこそ、対話することに大きな意味があるといえます。同じ時間・空間を共有し、体験してきた仲間や教師でさえ、生活の事実に対してのとらえは様々です。例えば「地域の川の水が汚れている」という事実に対しても、「人間の手によって汚れているから改善すべきだ」と考える子どももいれば、「川は少しぐらい汚れていた方が生き物が住みやすいからこのままでいい」と考える子どももいます。このような自分のとらえ、立場などを自覚することが必要です。そうすることで子どもは、学級の仲間との同異点についても思考するのです。そして、自らのとらえや立場を自覚した上で対話することで、自分自身と対話しながら深く思考し、その過程で道徳的な価値観をつくるのです。

　また、自分事として受け止める生活の事実に向き合う子どもは、対象をこれまでよりも深く見つめようとします。このような子どもが、思いもよらなかった仲間の考えや、自分の行為の矛盾、さらには自分の考えとは対立するような社会の事実など、対象の新たな一面にふれることによって、思考はさらにひろがり、【表出】【自問】【創出】【伸張】といった道徳的な価値観をつくる姿が見られるようになります。

　これらのことを勘案しながら活動を構想・展開することで、自ら道徳的な価値観をつくり、つくり変えていく実践道徳を具現しているのです。

# 06 「集団活動」をつくる

## 「集団活動」とは

集団活動は、子どもが集団における多様な他者とのかかわりを通して、他者との関係を築いたり、集団における自分を見つめたりしながら、集団や社会の中でよりよく生きる自分をつくる活動です。細かな決まりや教師からの管理によって束ねられる集団ではなく、子ども自身が他者とのかかわりから集団のよりよい在り方や集団における自分を見いだしていくことに特徴があります。

集団活動は、「学級活動」「プレイングチーム活動（全校縦割り班活動）」「集会活動」「プロジェクト活動（委員会活動）」「サークル活動（クラブ活動）」「学校行事」で構成され、子どもと教師で企画、運営をしたり、共に活動したりします。

## 「集団活動」における「問い」が立ちあがる子ども

集団とは単なる個の集まりではありません。集団を構成する個がそれぞれに思いや願いをもち、互いに作用しながら構成されるものだと考えます。子どもは他者とかかわりながら、活動における目的を共有したり、思いや願いを重ね合わせたりして、自分や集団のよりよい在り方を求めていくのです。そこでは、子どもは様々な他者と出会い、かかわり方を考え、試行錯誤したり、その集団における自分や仲間の役割を生み出したりしながら、集団にはたらきかけます。そのような姿に集団活動における子どもの「問い」が立ちあがる姿があります。

子どもは他者とのかかわりの中で、自らの見方や考え方を更新しながら、集団や社会の中でよりよく生きる自分をつくっていくのです。

## 「集団活動」における特徴的な子どもの様相

集団活動において、1年生から6年生までが一様に、他者とかかわりながら集団の中の自分を更新していくかといえば、その姿は異なるといえるでしょう。先に述べた「子どもがみている世界のひろがり」を勘案すれば、【集団・社会】のとらえは、学年

1年生… 集団において特定の他者とのかかわりを中心にして自分を発揮します。そして特定の他者との出来事から活動を振り返ります。

―――― は直接的な他者とのかかわり

2年生・3年生… 集団において特定の他者とのかかわりを中心にして自分を発揮します。そして自分と他者のかかわりから集団を主観的にとらえて振り返ります。

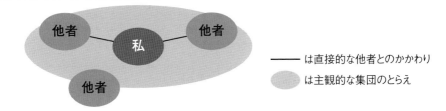

―――― は直接的な他者とのかかわり

　　　　 は主観的な集団のとらえ

4年生・5年生… 集団において他者との関係性やそれぞれの役割をとらえながら自分を発揮します。そして自分と他者、他者同士のかかわりから集団を客観的にとらえて振り返ります。

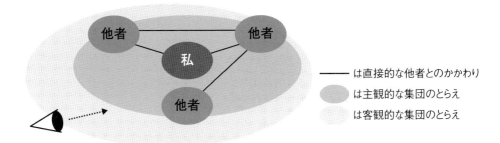

―――― は直接的な他者とのかかわり

　　　　 は主観的な集団のとらえ

　　　　 は客観的な集団のとらえ

6年生… よりよい集団やその中の個人を思い描いたり、集団において他者との関係性やそれぞれの役割をとらえたりしながら自分を発揮します。そして自分と他者、他者同士のかかわりから集団を客観的にとらえて振り返ります。

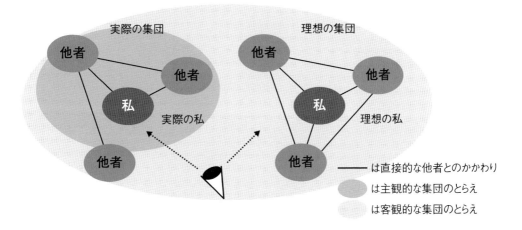

―――― は直接的な他者とのかかわり

　　　　 は主観的な集団のとらえ

　　　　 は客観的な集団のとらえ

が上がる毎にひろがっていくことから、1年生、2・3年生、4・5年生、6年生で子どもの特徴的な姿が見られると考えます。そこで子どもの姿の集積を図るために、当校では全職員が参加する「ふれあい集会」や「音楽集会」における子どもの姿から、子どもがどのように他者とのかかわりをひろげ、何に注目して活動していたのかを集積していきました。

　そのような見方で集団活動における子どもの姿を集積したとき、学年によって**前ページ図**のような特徴的な姿があることが見えてきたのです。

## 子どもの「問い」が立ちあがる集団活動の要件

### ①期待づくりと振り返りを繰り返す

　子どもが他者とかかわる中で、「どうすればもっとみんなが楽しめる活動になるだろうか」と考えたり、「○○さんと○○さんでこんなふうにしてみたらどうだろう」とアイデアを出して集団にはたらきかけたりする姿には、子どもの「問い」が立ちあがる姿があります。このような子どもの姿には、活動への期待を語る場面や活動を振り返り、集団における自分の思いや願いをもっていることが大切です。そこで活動前後には、その集団で活動することへの楽しみや喜び、不安や心配など、多様で複雑な思いについて作文シートに書いたり、学級の仲間と思いを伝え合ったりするのです。

　当校では月毎に各学年が主催する「ふれあい集会」を、プレイングチームの仲間と共に楽しみます。プレイングチームでの活動が始まったばかりの頃は、「みんなと話

〈集会活動の1年間のスケジュール〉

| 月 | 4月 | 5月 | 6月 | 7月 | 9月 | 10月 | 11月 | 12月 | 1月 | 2月 |
|---|---|---|---|---|---|---|---|---|---|---|
| 集会名 | 1年生を迎える会 | ふれあい集会 | ふれあい集会 | 夏の音楽集会 | ポプライベント | ふれあい集会 | 秋の音楽集会 | ふれあい集会 | 冬の音楽集会 | 6年生を送る会 |
| 担当 | 6年生企画 | 2年生企画 | 3年生企画 | ミュージックプロジェクト | ポプラプロジェクト | 1年生企画 | ミュージックプロジェクト | 4年生企画 | ミュージックプロジェクト | 5年生企画 |

せるようになりたいな」「いろんな学年がいて本当に一緒に楽しめるのかな」など、期待や不安な思いを話す子どももいますが、学級活動において、それらの素直な思いを聞き合ったり、共感し合ったりすることで、一人一人の思いに寄り添いながら、学級集団としての一体感をつくっていくとともに、子どもが自らプレイングチームの仲間にたらきかけたいとする思いを醸成していくのです。

**②自分や他者の思いに気付くはたらきかけをする**

　集団活動では、活動に対して自分がどのような思いをもっているのか（いたのか）を見つめる機会や他者の思いにふれる機会を意図的につくっていくことが重要です。ある学年は音楽集会を開催するにあたって、主催するミュージックプロジェクト（音楽委員会）がこれまでどんな思いをもって取り組んできたのかを話したことをきっかけに、学級の一人一人の子どもが音楽集会に対する思いを語り合いました。そこでは音楽集会に対する自分や他者の思いに気付くことで、よりよい集会にしようという思いを確かめ合ったのです。

　また、他学年が企画する「ふれあいデー・ふれあい集会」に向けて行う各学級の期待づくりでは、主催学年の今の思いを想像するはたらきかけをすることがありました。すると子どもは、「緊張しているかもしれない」「当日を私たち以上に楽しみにしているだろうな」などと話しながら、主催学年の今に思いを寄せます。こうしたはたらきかけによって、当日は準備されたゲームを、プレイングチームの仲間と盛り上げながら、共に楽しみたいとする思いが育まれていくのです。

　集団活動において他者とかかわりをひろげる子どもの姿には、学年によって特徴的な姿があります。教師は、集団活動における子どもの特徴的な様相を勘案しながら、期待づくりや振り返りを繰り返しながら、何に注目させるのか、どのように自分や他者の思いに気付くはたらきかけをするのかを考えることで、子どもの「問い」が立ちあがる集団活動を具現することができるのです。

# 07 特色ある教育課程

## 創造活動を中核とした教育課程

　当校では、体験を重視した教育活動を展開しています。子どもは、体験を通して出あった対象を自らの感覚を通して見つめ、思いや願いを高めていきます。その思いや願いの実現に向かっていく過程で様々な問題に直面し、解決しようと思考・判断したり、他者と協働したりして、新たな自分をつくっていきます。つまり、子どもの「問い」が立ちあがる教育活動において、体験は子どもにとってかけがえのないものであり、あらゆる場面において学びの基盤となるのです。

　このような考えから、当校が教育課程の中核に位置付けている創造活動は、豊かな体験を通して生きる喜びをつくり、自分の生きる世界をひろげていく教育活動です。創造活動では、1〜6学年の各学級で年間を貫くテーマを設定し、子どもは息長く対象とかかわりながら自分をつくっていきます。創造活動における豊かな体験を通した子どもの歩みを礎としてそれぞれの教育活動を展開する中で、創造活動で生まれた課題が直接的に他の教育活動に生かされることがあります。そればかりか、ものの見方・考え方を含む知識、技能、他者とのかかわり、独自の学級文化などの創造活動を通して培ったものが、多様な子どもの姿として教育活動全体に現れます。また、他の教育活動における学びが創造活動に生かされる場合もあります。各教育活動は単体として存在しているわけではなく、相互につながり合い、かかわり合いながら当校の教育課程全体を構成しているのです。

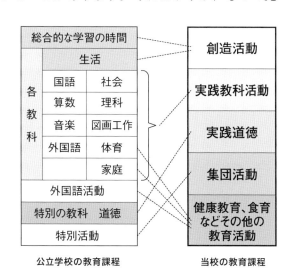

公立学校の教育課程　　当校の教育課程

## 創造活動を中核とした年間活動構想

　学級担任は、「創造活動　年間活動構想」、「実践道徳　年間活動構想」を作成します。また、音楽専科は「実践音楽科　年間活動構想」を、養護教諭は「健康教育　年間活動構想」を、栄養教諭は「食育　年間活動構想」を同様に作成します。子どもが

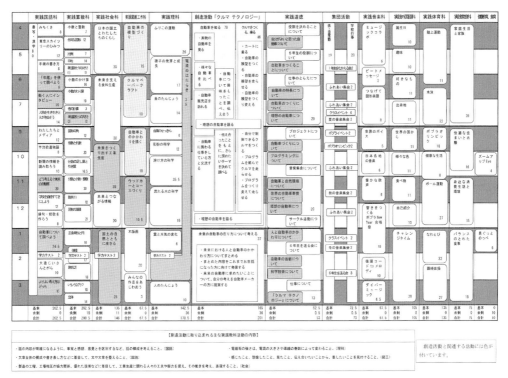

年間活動構想図例

新たな自分をつくる過程でどのような思いや願いをもち、どのような生活の事実に出あうのかを多様に、緻密に思い描くためです。これらを統合して、学級担任は上図のような年間活動構想図を作成し、年間の構想を視覚化します。教育課程の中核に据えている創造活動との関連を意識して教育活動の並びを配置するとともに、関連が深い活動を色分けして配置します。創造活動との関連を思い描く時、子どもの学びの道筋における必然性を検討することが大切です。横断的に、総合的に学びをつくる主体はあくまで子どもだからです。

## 子どもの姿からつくり変える年間活動構想

　上で述べた内容は活動の構想であり、活動の実際を示すものではありません。実際の子どもの姿は、教師の思い描きと異なる場合があるからです。当校では、子どもを各教育活動の中心に据え、常に、子どもの姿から活動をつくり、つくり変えています。それは、子どもの思いや願いのまま活動を構想・展開するという意味ではありません。私たちは子どもの姿に学びながら、教師の思い描きとの差異を検討し、その重なりを的確にとらえ、柔軟に構想・展開をつくり変え、子どもの「問い」が立ちあがる教育活動の具現を目指しているのです。

# 実践編

# 01 創造活動①
# 1年「はなやぎまきば」
## ―雌ヤギの出産に思いと願いを

### 「問い」が立ちあがる子ども

　きょう あかちゃんが うまれました。4ひき うまれました。ちいさくて かわいかったです。まろんの おっぱいをのんだり、ねたりして かわいかったです。

あかちゃんをだっこしたら、まろんがきて、んーとなきました。まろんは、あかちゃんをまもりたかったのかなとおもいました。まろんが、おかあさんになったんだとおもいました。まろん、がんばったね。

（「はなやぎまきば」子どもの作文シートより）

### ▶活動設定の意図

　1年生の子どもは、学校という新しい環境に、期待や不安など様々な思いをもって入学してきます。私は、子どもにとって学校にいる時間は、子どもが自分の手で生活をひろげることができる時間であると考えます。そこで新たな環境で自分をひらき、仲間とともに楽しみをつくる子どもの姿から、「はなやぎまきば」を構想しました。「はなやぎまきば」では、5月に長野県の牧場からやってきた雌ヤギ1匹、雄の子ヤギ2匹、そして7月に雌ヤギから生まれる予定の赤ちゃんヤギとの生活をつくります。活動名の「はなやぎ」には、気持ちが華やかになる、心をときめかせる、栄えるという意味があります。子どもは仲間との出会いに心をときめかせ、仲間とのかかわりをつくっていきます。母ヤギ、子ヤギ、赤ちゃんヤギとのかかわりをひろげたり、まきばをつくったりしながら、自らの生活をつくっていきます。そして、自分をひら

き、仲間とかかわりをつくる中で、自分と仲間とのかかわりを見つめる子どもの姿を思い描きました。

## ▶対象を設定する

　ヤギは人懐っこく、子どもに近づいてご飯を食べたり、活発に動いて木に登ったりします。だから、ヤギと共に生活する子どもは、「ヤギが喜ぶご飯をつくりたい」「ヤギと遊ぶ場をつくりたい」と様々な思いや願いを膨らませながら活動をつくると考えました。雌ヤギに出産する兆候があるという事実を知った子どもは、「赤ちゃんが無事で生まれて欲しい」という思いや願いをもちます。雌ヤギの出産と赤ちゃんヤギの成長から、自分自身の誕生や成長についても見つめていくと考えました。このように雌ヤギの出産や赤ちゃんヤギの成長、ヤギとヤギのかかわりや自分と仲間とのかかわりなどを見つめ、ヤギと共に在る生活を自分の手でひろげていくのです。

## ▶活動のねらいを定める

　1年生は、対象に直接はたらきかけ、かかわりながら自らの生活をつくっていきます。だからこそ、ヤギとかかわったり、「はなやぎまきば」の場をつくったりする子どもの姿を期待します。子どもは、ヤギとかかわったり、仲間と場をつくったりして、ヤギに寄り添いながら生活していきます。ヤギとの生活をつくることを通して、自分とヤギ、自分と仲間とのかかわりを見つめたり、場をつくったりしながら、自らの生活を豊かにしていく姿を思い描き、以下のねらいを設定しました。

> 　ヤギとの生活をつくることを通して、自分とヤギ、自分と仲間とのかかわりを見つめたり、仲間とともに「はなやぎまきば」の場をつくったりしながら、自らの生活を豊かにしていく。

## ▶子どもから湧き上がる思いや願いを思い描く

### ①「はなやぎまきば」での思いや願いを表現する場の設定

　子どもはヤギと共に生活する中で、ヤギの体や行動の違いや変化をとらえたり、ヤギに対して、「一緒に楽しくお散歩したい」、「もっとおいしいご飯を作ってあげたい」といった思いや願いを抱いたりします。自分のとらえや思い、願いを仲間に表現したり自分で活動をつくったりすることを楽しみながら、自分とヤギのかかわりをひろげていきます。

### ②雌ヤギの出産についての思いや願いを共有する場の設定

　子どもは雌ヤギの出産が近づくにつれ、「元気な赤ちゃんを産んで欲しい」、「自分

にできることをしたい」と、思いや願いを膨らませていきます。その思いや願いを学級で共有する中で、雌ヤギの出産という事実に対して自分と異なるとらえをしている仲間の思いや願いにふれることになるでしょう。その仲間の思いや願いにふれることが、ヤギと自分とのかかわりを見つめ直す機会につながるのです。

## ▶活動の実際

### ①ヤギとのかかわりをつくりながら、ヤギの気持ちをとらえる

　5月28日。雌ヤギ「まろん」と雄の子ヤギ「ゆきみ」と「ぶらうん」が、学校にやってきました。子どもは、学校の原っぱの一角を柵で囲い、3匹のヤギを迎えました。そして、まろんにご飯をあげたり、アスレチックをつくってゆきみとぶらうんと遊んだりしてヤギとのかかわりをつくり始めました。

　結さんは、まろんと遊ぶことを楽しんでいました。「まろんは、優しくてあったかい。私の手をペロペロ舐めてくれるんだよ。だから、まろんが大好きなんだ」と、まろんへの思いを私に度々話していました。

　ある日、原っぱを散歩しているとまろんが木陰で座り込むことがありました。結さんは、まろんをリードで引っ張ろうとしますが、周りの子に「かわいそうだよ」と言われ、躊躇してしまいました。「リードを引っ張りたいけれど、かわいそうと言われるから引っ張れない」「でも、動いてくれないとまきばに連れていけない」結さんは、そんな葛藤を抱きました。その日は一緒に散歩に出掛けた里香さんにまろんのお尻を押してもらいながら、何とか「はなやぎまきば」まで連れて行きました。そんなことが続いたある日、まろんがまた木陰に座り込んでしまいました。どうしたものかと悩む結さんに、私は「まろんはどうして歩かないんだろうね」と声を掛けました。まろんが大好きな結さんだからこそ、まろんの思いを見つめ、自分の思いと重ねながら、ヤギとのかかわりをつくってほしいと考えたのです。すると結さんは、まろんのそばに座って穏やかな口調で語りかけました。「ゆっくりでいいよ、赤ちゃんがいるんだもんね。もう少しではなやぎまきばだよ。がんばろうね」自分の気持ちを押し通すのではなく、ヤギに寄り添い、ヤギとのかかわりをつくる姿でした。その後は里香さんと採ってきた葉っぱでまろんの気を引いたり時々休んだりしながら、「はなやぎまきば」まで連れて行きました。その日から結さん

は、まろんにさらに寄り添いながらかかわりをつくるようになりました。「まろんが休める場所をつくりたい」と話し、仲間と木材や藁でベッドをつくりました。ベッドで休むまろんに「元気な赤ちゃんを産んでね。」と話しかけました。出産が近づくにつれ、まろんとの距離がさらに近くなっていきました。

## ②まろんの出産に対する思いや願いを伝え合う

7月になり、結さんは、声を上げて何度も鳴くまろんの変化に気付きました。「まろん、どうしたんだろう」と小雪さんに話すと、小雪さんが「まろんのおしり、赤くない？大丈夫かな」と話しました。結さんと小雪さんは、まろんを小屋に連れていき、敷き詰めた藁の上に一緒に座りました。二人はまろんの姿を心配そうにじっと見つめました。その日、結さんはシートに次のように書きました。

> きょうは、はなやぎまきばで　まろんがいつもとちがいました。なにがちがうかというと　まろんが　めーめー　なきだしたのです。それが　いつもよりも　めーめーないていると　おもいました。ほかにも　まろんのおなかが　いつもよりも　おおきくなっていました。おしりも　あかかったです。　もしかして　もうすぐ　あかちゃんが　うまれてくるのかな。げんきにうまれてほしいです。

私は、子どもがまろんの出産に対して思いや願いを膨らませていると考え、まろんの出産に対する思いを学級で伝え合う機会を設定しました。結さんがシートに書いたまろんの変化や出産への願いを話すと、周りの子どもも口々に話し始めました。「まろんがいつもよりもそわそわしていたよね」「鳴き方も高くなったよ」「お尻を動かすことがあったよ。なんだか痛そうだった」「まろんの赤ちゃん楽しみだけど心配だな」「まろんに何かできることはないかな」一人一人がまろんの姿を思い返し、自分がまろんにしてあげたいことを伝え合いました。

翌日も腹痛に耐えるまろんの姿をじっと見守る子どもの姿がありました。昨日はいなかった水樹さんや幸平さん、美波さんの姿もありました。そしてどこからともなく、まろんへの応援が始まりました。「がんばれー、まろんっ！がんばれー、まろんっ！」だんだんと応援がひろがり、小屋はまろんへの応援でいっぱいになりました。まろんの出産は子どもにとって楽しみな気持ちと不安な気持ちが入り交じった出来事でした。出来事から膨らんだ子どもの思いがまろんを見守る、そしてまろんを応援するというかかわりをつくっていったのです。

## ③まろんや赤ちゃんへの思いや願いを込めて、お守りをつくる

まろんの様子を見ていた水樹さんが「まろんにできることは何かないかな？」と私に相談にきました。そこで一人一人が、まろんにしたいと考えていることについて学級全体で共有する場を設定しました。子どもは、「まろんにごちそうをつくりたいな。

元気に赤ちゃんを産んで欲しいと思っているんだ」「僕は、まろんにマッサージをしてあげたら痛くなくなると思うな」とまろんが喜ぶ姿を想像してかかわりをつくろうと考えていることを話しました。様々な考えが出る中、翔太さんは「まろんにお守りをつくりたいな。まろんが元気な赤ちゃんを産んで欲しいから、お守りをつくりたいんだ」と話しました。周りの子どもはその考えを聞いて「僕もつくってみたいな」「まろんにお手紙も書いたらどうかな」「まろんが見える所に飾ったら喜ぶよ」と思いや願いが膨らみ、みんなでお守りをつくることにしました。

---

・まろんが、げんきなあかちゃんうめますように。

・まろん、だいすきだよ。あかちゃんげんきにうんでね。がんばれー！

・まろん、おなかがおおきくなったね。はやくあかちゃんうまれるといいね。

---

　子どもは、習ったばかりのひらがなで、励ましの言葉をお守りに書き、まろんがいる部屋の近くの壁に貼りました。赤ちゃんが生まれる日を今か今かと待ちながら、ついにその時を迎えました。

　7月31日午前2時。1学期の終業式の明け方のことでした。まろんが無事に出産しました。しかも4つ子の赤ちゃんでした。子どもは朝早くから小屋に集まり、生まれたばかりの赤ちゃんに「小さいっ！」「抱っこさせて！」と話しました。そして、赤ちゃんが鳴くとすぐに駆けつけて、乳をあげるまろんを嬉しそうに見つめました。子どもは、まろんの足下に胎盤が残されていること、お尻に血が付いていることに気付き、出産の大変さを感じ取りました。「まろん、がんばったね」「お母さんになったんだね」と声をかける子どももいました。

　創造活動「はなやぎまきば」において、まろんの出産は子どもの思いや願いが膨らむ事実に他なりません。子どもはまろんの表情や声から気持ちを想像し、まろんとのかかわりをつくり変えてきました。一人の子どもの思いが他の子どもに伝わり、大きな動きとなって学級全体での活動をかたちづくっていきました。子どもにとってヤギ

との生活は、日常生活そのものです。その日常生活を仲間と共につくることで、仲間とのかかわりがひろがり、「今日はこうしたい」「もっとこうしたい」と一人一人が思いや願いの実現に向かう姿は自分の生活を豊かにする姿であったと言えます。

（丸山大貴）

# 「はなやぎまきば」における見取りの内実

研究協力者　上越教育大学教授　松井千鶴子

　「はなやぎまきば」では、子どもたちが自らの生活をつくっていく活動が繰り広げられている。丸山教諭は、活動のねらいを定め、子どもから湧き上がる思いや願いを思い描いた活動構想をもちながら、子どもの「問い」が立ちあがる姿を丁寧に見取ってきた。「見取り」については、平野（2014）[1] の「言葉や行動として子どもの外に表れた事実それ自体を対象とするのではなく、その事実を通して内面的な事実について理解する」ことだとする他、定義やその必要性については種々語られている。

　では、上越教育大学附属小学校の先生は、何を大切にし、どのような点から、子どもを見取っているだろうか。今回、丸山教諭の協力を得て、見取りの内実を明らかにすることを試みた。学校支援プロジェクト（本学教職大学院の実習科目）として丸山教諭の実践にかかわった大学院生との協働的な対話において語られた文言を分析することにより、10個の概念を見いだし、5個のカテゴリーに整理することができた[2]。概念の一部を紹介する。

### 〈行為の背景〉

　ヤギを特訓したいという子どもとヤギとのかかわりに関して丸山教諭は、「特訓そのもののもともとの始まりをしっかりと見つめるべきだと思っていて、ヤギさんに上がってほしいとか木登りができるようになってほしいとか、……そういう成長を願うところから始まっているので……」と述べている。子どもが対象とのかかわりの中で見せる行為の背景を読み取ろうとしている。

### 〈子どもと対象との物理的・心理的距離〉

　ヤギを特訓させることについて全体で話し合いをした日には、「朝の時間や休み時間、昼休み、放課後もヤギさんと向き合っている彼らだからこそ表面上はリードを引っ張っているように見えるけれども、それを越えているかかわりとか、関係性とかが彼らの中にできているんだろうとすごく思っています」と述べ、ヤギとの物理的・心理的な距離をとらえようとしている。

　これらの他に、〈違和感や疑問〉、〈子ども同士のつながり〉、〈子どもと実践者のずれ〉など、丸山教諭は、いくつもの視点をもって子どもを見取っていることが分かった。子どもがヤギとのかかわりでつくり出す「子どもの世界」に身を置き、子どもの内側で起きていることを丁寧に読み取り、意味付けていくという丸山教諭の真摯な営みがあるからこそ、「問い」が立ちあがる子どもの姿が生まれるのであろう。

〈参考〉
1）平野朝久：「はじめに子どもありき～子どもとつくる総合活動～」,『教育創造』, No.177, p.7, 上越教育大学附属小学校内高田教育研究会, 2014.
2）木下康仁：「ライブ講義M-GTA ——実践的質的研究法　修正版グラウンデッド・セオリー・アプローチのすべて」, 弘文堂, 2007.

# 01 創造活動②
## 5年「まちひと展望局」
### ―むしろついでの方が私はいいです

**「問い」が立ちあがる子ども**

　本町と私は友だちになりたいと思っていました。本町はおいしいもの、すてきなもの、面白いものがたくさんあって、私は五年生からずーっと考えました。

やがて、私は本町を他の人に伝えるようになりました。（中略）私はふと思いました。本町はイベントがある時は、人がいっぱいですが、普通の時は、人があまりいません。みんなが本町に来てくれるのは嬉しいですが、素の本町は知ってもらわなくてよいでしょうか。

（「まちひと展望局」子どもの作文シートより）

## ▶活動設定の意図

　現在、「少子高齢化」「人口の減少」などの地域行政の存続にかかわる様々な課題が挙げられています。これらの課題は、多様な価値観をもった人々の思惑、課題を見つめる人の立場の違いなどから、全ての人が納得するような完全な解決に向かうことは難しいものであると言えます。しかし、課題の解決に向かって、他者と協働したり、対話したりすることを通して、課題の本質を見つめたり、社会の構造に対して少なからず影響を及ぼしたりすること自体には、大きな意味があると考えます。これからの社会を生きる子どもも、様々な課題に出あうことが予想されます。目の前の対象に対して、はたらきかけ続けることを大切にしつつも、対象にとってのよりよさとは何なのか、対象と自分のよりよいかかわりとはどのようなものなのかについて、思考を深めることが必要であると考えます。

　私は、まちとのかかわりを深め、つくり変える子どもを思い描いた時、これまでに

述べたような姿が見られるのではないかと考えました。まちは、人が行き交い、まちを生きる人がかかわりをつくり変え、それぞれの生活となる場です。それは、人々がまちを形成しているということに他なりません。地域の様々な商店街を見渡してみると、「空き家・空き店舗の増加」「人手・後継者の不足」など、様々な課題が挙げられます。子どもが、これらの課題に向き合い、それぞれのアプローチではたらきかけながら、まちのとらえをつくったり、まちと自分のかかわりを見つめ続けたりする姿を思い描き、創造活動「まちひと展望局」を構想しました。

## ▶対象を設定する

本活動は、学校近くにある高田本町商店街（以下、本町）を対象に設定しました。本町は100年以上続く老舗や建造物が多くあるまちです。2002（平成14）年、大型デパートの撤退をきっかけに、小売り販売額減少や空き店舗増加などの課題が生じ、後継者不足や交流人口減少につながりました。その改善に向かって、イベントを立ち上げたり、景観を整備したりするなど、本町にはたらきかける人々が見られます。子どもは本町を訪れ、本町とのかかわりをつくり続ける中で、本町の魅力とは何なのか、本町はこれからどうあるべきなのかについて考えたり、本町に生きる人の立場から物事をとらえたりするのです。

## ▶活動のねらいを定める

5年生は、物事を自分や周囲の考えだけではなく、集団や社会とのかかわりから客観的にとらえる傾向が強くなります。だから、本町と出あった子どもは、本町に生きる人とのかかわりを見つめたり、本町の現状と過去の本町や他の商店街とを比較して課題に気付き、はたらきかけたりしながら、まちに対するとらえをつくっていくだろうと考えました。そこで、以下のねらいを設定しました。

> 本町をくり返し訪れ、本町とかかわる楽しみをつくることを通して、本町に生きる人とのかかわりを見つめたり、まちが抱える課題について仲間とはたらきかけたりしながら、まちに対する自分のとらえをつくる。

## ▶子どもが出合う矛盾や対立を思い描く

### ①子どもの本町に対する思いや願いの変化をとらえる

子どもは本町とのかかわりをつくりながら、「本町でこんなことしたい」「本町にこうなってほしい」と思いや願いをもちます。その思いや願いは、どのような「人・もの・こと」と出あい、何をしてきたのかによって変化します。子どものつぶやきや

作文シートから、子どもの思いや願いの変化を教師はつぶさにとらえる必要があります。子どもの思いや願いを基に活動をつくり変えることで、子どもは、体験し、思考し、また体験するという学びの道筋をつくるのです。本町を訪れ体験し、話したり書いたりして考えを表し、本町の人とのかかわりを変化させる過程で、子どもはよりよい本町とのかかわりを見いだしていくのです。

## ②過去の本町の映像を見る機会を設定する

　子どもは本町を訪れ、本町に生きる人とのかかわりをつくったり、本町を歩き回ることを楽しんだりします。その中で、昔の本町の様子がどうだったのかについて疑問をもつ子どもが現れるのではないかと考えました。そこで20年前の本町の映像を見る機会を設けます。過去には、大型店舗があり人通りが多かったことに気付いた子どもは、これまで目にしてきた本町との違いに思いを巡らすと考えます。その中で、本町のこれからを想像し、自分ができることは何かを自身に問いかけながら、本町はどうあるべきかについて考えていくのです。

## ▶活動の実際

### ①本町の楽しみをつくる

> 　今日、5年2組初めてのお出かけに行きました。場所は本町です。かの子というお店で、シュークリームを買いました。買ったシュークリームを食べていたらラジオ局のお姉さんが私たちを「4人の女の子」とラジオで紹介してくれました。ラジオで紹介してくれた嬉しさと、シュークリームのおいしさで、みんな満面の笑顔になりました。

　「まちひと展望局」の活動初日、本町をあまり訪れたことのなかった日和さんは、本町の人やものと出あった喜びを作文シートに書き、また本町に行きたいという思いを私に話しました。2回目の本町の訪問で、日和さんはお菓子屋の「かの子」を再訪しました。初めて食べたかの子のシュークリームのおいしさに興味を引かれ、かの子のことについて詳しく知りたくなったのです。1972（昭和47）年創業であるかの子は本町の中でも歴史のある老舗です。このことを仲間に伝えた日和さんは、他にもお菓子の老舗があることを教えてもらい、集った仲間と「甘いもの取材班」を立ち上げました。本町にあるお店に足を運び、話を聞いたり、お菓子を味わったり、作り方を調べたりするなどして、本町での活動をひろげました。「本町にはまだまだおいしいお店があるので、そこも紹介していきたい」「取材したことは、雑誌にしてまとめたい」と、次の活動への期待を膨らませ、本町とのかかわりを深めていきました。

## ②本町の魅力について考える

　インタビューを繰り返していた里香さんは、本町を訪れたお客さんから、昔と今の町並みに違いがあることを教えてもらいました。「昔は賑わっていたって言うけれど、今とどれくらい違うか分からないんだよね」と疑問を私に話しました。私は、里香さんの抱いた疑問が、今の本町を見つめ直すきっかけになると考え、20年前の映像を見せました。昔の映像には、アーケードを多くの人が歩いている様子が映っていて、「こんなに本町に人が来ていたのか」「今の本町は人が少なすぎる」という声が次々とあがり、子どもは本町はこのままでいいのかという考えをもちました。そして、「自分たちにできることはないか」「どのような本町のよさを伝えることができそうか」などと、本町について思いを巡らしました。日和さんは次のように作文シートを書きました。

---

　私は本町を「あたたかい人が多い本町」であると思います。本町のお菓子屋さんは私に優しく接してくれました。本町は今となっては「いなか」なのかも知れません。でも、激しい売り合いの競争がないからこそ、本町の人はおだやかなのです。それが、本町のよいところだと思います。

---

　これまで、本町での自分の楽しみをつくってきた日和さんでしたが、この日をきっかけに「本町のよさとは何か」と本町の魅力にも目を向け始めました。本町を再訪した時、日和さんはお菓子屋の店員さんに、甘い物の話だけでなく、本町そのもののよさについてもインタビューをしていました。そして、「集めた情報は、これまで書いてきた記事に加えて、人にわかりやすく伝えたい。誰かに情報を伝えた方が本町の人も嬉しいと思う」と思いを話し、雑誌づくりに取り組み始めました。雑誌の取材で本町のお店を巡った日和さんは、「初めて行くお客さんも明るく笑顔になれちゃう…。そういう場所が本町なんじゃないかな」「本町のいいところは、人が少なくて落ち着けるところだ」と本町の魅力について考えたことを作文シートにまとめていました。

　そんな中、市が本町で毎年行っている観光客向けのイベントチラシを見つけた子どもがいました。イベントはあった方がいいと考える子どもと、ない方がいいと考える子どもがいたので、そのイベントの必要性について話し合うことにしました。倫人さんは、本町の店員さんがイベントに合わせてセールをすると話していたことを基に、「市のイベントがあることで本町のお店にも利益がある」と話しました。一方、博文さんは、過去に市のイベントを訪れた経験から「人は外から来た出店にしか集まって

いなくて、本町のお店の奥まで入っている人はそんなにいなかった」と話しました。優美さんが「そもそも、私たちはイベントのために本町とかかわってきたんじゃないでしょ」と話したことから本町におけるイベントの意味についてみんなが考え始めました。その後、日和さんは、「イベントは一過性のもので本当に本町の為にはなっていない」と話しました。作文シートでは、次のように書きました。

> 私が本町にやれることは、やっぱり、少しでも多くの人に本町の魅力を伝える事なのかなと思います。少しでも多くの人に本町の存在を伝えれば、頭の片すみにでもきっと置いておいてくれるでしょう。そうしたら、「ちょっと駅に行くついでに」「買い物した帰りに」って、もっと気軽に来てくれるようになる。ほんのちょっとした『ついで』に。ついででいいです。むしろついでの方が私はいいです。（中略）自然体の本町の魅力を伝えたいです。

日和さんは、本町の魅力は「自然体の本町」、つまり、本町の日常であると考えました。「自然体の本町」は人々が「ついで」に訪れるまちとしてあり続けていてほしい。だから、「自然体の本町」を伝えることが大事だと考えました。そして、「自然体の本町」が伝わるようにとチラシづくりに取り組み始めました。

### ③これからの本町がどうあってほしいかを考え続ける

本町のことを伝えるチラシやパンフレットを配りながら活動してきた日和さんは、2月の活動最終日を迎えた作文シートに次のようなことを書きました。

> 私はふと思いました。本町はイベントがある時は、人がいっぱいですが、普通の時は、人があまりいません。みんなが本町に来てくれるのは嬉しいですが、素の本町は知ってもらわなくてよいでしょうか。

日和さんは最後の最後まで、これからの本町がどのようにあってほしいのかについて考え続けていました。本町にイベントなどで人を呼び、集めることに価値を感じつつも、自分が大好きな素の本町、つまり「自然体の本町」がずっとそのままあり続けることも大切であると考えていました。

「まちひと展望局」では、本町の目に見えるような課題を解決して成果を生み出すだけではなく、一人一人の子どもが、高田本町商店街とかかわることによって、自らのとらえをつくっていくことを大切にしてきました。一年を通して、本町とのかかわりをつくり、つくり変え続け、自らのとらえを最後の最後まで、考え続ける姿こそ、子どもの「問い」が立ちあがる姿であったのです。

(髙山　史)

# 創造活動の体験的学びの価値

研究協力者　上越教育大学教授　岩﨑　浩

　附属小学校の創造活動は、教師と子どもが一緒になって創りだしていく活動であり、1年間を通して繰り広げられる筋書きのないドラマである。その活動の記録は、活動を追うごとに教室の背面掲示板に生き生きとした子どもの写真とともに綴られていく。筋書きのないドラマであるが、そこには、一人の教師が、自らも探究を楽しみ、教育者としての情熱を注ぎ込めるように綿密に練られ、苦労の末に仕上げられた台本（活動案）がある。それは「今、ここ」を生きる子どものためだけに描かれ、1回きりでその役目を終える。たとえ、その台本によって、数々の名場面——子どもたちが、そして教師さえも葛藤し、答えのない「問い」に悩みながら、自分なりの精一杯の答えを導きだしていくような場面——が生まれ、感動的なクライマックスが迎えられたとしても、である。しかし、これこそが附属小学校の創造活動の魂であり、多くの教育者を惹きつけて止まない子どもの姿を常に創りだしていると私は思っている。

　さて、本町を舞台に繰り広げられた髙山教諭の「まちひと展望局」のドラマにも、私たちの予想を超えて成長していく子どもの姿がある。今回のドラマの主人公は日和さんである。本町のお菓子屋を訪れ、そこで食べたシュークリームのおいしさに惹かれるところから始まるが、やがて本町を訪れる人が減っているという過疎化による地域存続の問題に直面する。本町のイベントの必要性についての話し合いで、日和さんは、イベントは一過性のもので本当に本町の為にはなっていないと話す。このとき、日和さんにとって個人的な興味から始まった本町という活動のフィールドは、単なる調査の対象では既になく、本町の人との温かい交流を通して変容——その中に巻き込まれる形で一体化——し、本町の過疎化の問題に対して自分のできることは何かを考え出す。それは少しでも多くの人に本町の魅力「自然体の本町」を伝えることであった。そして、チラシ作り、パンフレットと共に配り歩く行動として実現されていく。

　これは、答えのない問題に直面した時に、私たちがどのように考え、行動すべきか、その思考過程そのものである。行動を起こしたものの、解決していないことを日和さんは知っている。だから問い続けている。「素の本町は知ってもらわなくてよいのでしょうか」と。Society5.0時代にこそ必要なリアルな体験的学びがここにある。

# 創造活動③
# 6年「For You For Me」
## ─私たちには、私たちにしか
## 出せないパワーがある

**「問い」が立ちあがる子ども**

　私は、お年寄りの方に笑顔を届けたいです。お年寄りは、普段あまり子どもに会う機会がなくて私たちが来るのを楽しみにしてくれていると思うから、楽しいとか嬉しいとか、元気になったと思ってもらえたら嬉しいです。そして、明日もう一つ届けたいものは自分たちのパワーです。自分たちしかもっていないパワーをお年寄りにも分けてあげたいです。

（「For You For Me」子どもの作文シートより）

## ▶活動設定の意図

　情報機器が発達した現代は、合理的にありとあらゆるものがつくり出される大量消費社会であり、インターネットを介してものを簡単に購入することができます。このような現代を生きる子どもにとって、自分の身の回りにあるものに込められている思いや価値を見つめることは、生きる世界をひろげることにつながると考えます。また、SNSの発展によって、直接会うことのない不特定多数の他者とのつながりをもつことが容易になった現代において、よりよい人間関係や地域社会を形成する上で、顔を合わせて他者とやりとりすることの意味や価値が見直されるべきだと考えます。対面でのやりとりは、画面上でやりとりする以上に相手の気持ちや求めていることをより細やかにくみ取ることができるからです。

　そこで、本活動では、他者に渡したり買ってもらったりするという視点をもちなが

ら「もの」や「こと」をつくり出し、それを介して人と人とのつながりについて考えたり、込めた思いや価値を見つめたりします。そして、他者の喜びが自分の喜びにつながることを実感したり、人とのつながりの中で生きる自分を見つめたりしていく姿を思い描き、「For You For Me」を構想しました。

## ▶対象を設定する

本活動における対象は、子どもがつくり出す「もの」や「こと」です。子どもは、つくって自分が満足する「もの」や「こと」、商品としての「もの」や「こと」、他者に喜びを届ける「もの」や「こと」といったように、対象とのかかわりをつくり変えていきます。そして、「もの」や「こと」を介して他者とかかわりながら、人と人とのつながりの中で生きる自分を見つめ続けていきます。また、自分や自分たちがつくり出した「もの」や「こと」を共有した人の表情、言動に直にふれることで、つくるという行為を見つめ直していくのです。

## ▶活動のねらいを定める

体験と思考の連続から、対象にはたらきかけたり、はたらきかけられたりしながら、子どもが自らの行為に意味や価値を見いだしていく姿を期待します。子どもは、自分がつくり出した「もの」や「こと」を他者と共有するという視点で対象を見つめ直していきます。こうした中で、多様な人とかかわり、他者の喜びが自分の喜びにつながっていることを感じながら、人と人とのつながりの中で生きている自分を見つめていく姿を思い描き、以下のねらいを設定しました。

> 「もの」や「こと」をつくり、それを介して人とつながることを通して、「もの」や「こと」に込めた思いや価値を見つめたり、人と人とのつながりについて仲間と考えたりしながら、自分の生き方をつくる。

## ▶子どもが出合う矛盾や対立を思い描く

### ①対価として得るものについて思考する場を設定する

つくるという行為が自己満足で終わらないよう、つくった「もの」や「こと」を販売する活動を構想しました。商品の対価としてお金をもらうことを経験していく中で、子どもは、他者が何に価値を見いだして買ってくれているのかを見つめていきます。本当にその金額に足る「もの」や「こと」を自分や自分たちはつくり出しているのか。お金をもらうことが自分や自分たちの本当の喜びなのか。人とかかわり、実際にその人の表情や言葉を受け止めながら、つくった「もの」や「こと」の対価として

得るものについて考え続けていくのです。

### ②活動名を拠り所に、活動の意味や価値を思考する場を設定する

　活動を通して、機をとらえながら活動名である「For You For Me」について思考し続けます。「私からあなたへ」「あなたから私へ」相手に何をどのように届け、相手から何をどのように受け取るのかを考え続けます。活動が進むと、相手から受け取るものがお金から、喜びや満足、感謝といった実体のないものへと変化していくと考えます。また、どうしたら相手に思いや願いが届くのか、そして届けたことで、相手がどうなることが「For You For Me」なのか。6年生の子どもは、特定の他者だけでなく、これから出会う不特定の他者を思い浮かべながら対象とのかかわりをひろげていきます。「You」や「Me」といった、人が含まれる活動名に立ち返りながら思考することで、私と様々な他者とのつながりや、人と人がつながることの意味や価値を子どもが創造していく姿を期待します。

## ▶活動の実際

### ①活動の意味や価値を、体験を通して自らつくる

　4月に、子どもは「誰かに贈るもの」という視点をもってハンカチをつくりました。何度かつくっていくうちに、碧海さんが「これ、売ってみたい！」と話しました。そこで、私は、学級の仲間に商品として「もの」をつくり、販売することを提案してみるように碧海さんに促しました。「もの」をつくり、その対価としてお金をもらうことは、自分がつくった「もの」の意味や価値を見つめる機会となると考えました。碧海さんの提案を学級の仲間は受け入れ、早速出店できる場所を探し、学校近くのお寺で開催されるイベントで出店することになりました。主催者の方が、誰もが気兼ねなくお

寺に来てほしいという思いを込めたイベントです。子どもは出店に向けて商品づくりに取り組みました。タオル地のハンカチを玉ねぎで鮮やかな黄色に染める子ども。使わなくなった洋服の生地を用いてヘアゴムをつくる子ども。藍染をつくることやスラ

イムを作ることといった商品としての「こと」をつくろうとする子ども。幅広い年齢層の人がイベントに訪れているという情報を得た子どもは、これから出会うお客さんを思い浮かべながら商品づくりに取り組みました。

　出店当日は、たくさんのお客さんが訪れ、驚くほどの売上金を手にすることができました。初めての出店を経て、自信をつけた子どもに、私は、「何だか、販売した気がしない」と書いた悠作さんの振り返り作文シートを提示しました。商品を買ってくれたのは家族や友人、同じ小学校の下級生がほとんどであった事実から、悠作さんはそう振り返ったのです。悠作さんの気持ちを聞いた子どもは、「お客さんは商品を見ているのではなく、私たちが子どもだから買ってくれた。そんなの嫌」「大人みたいな商品をつくって、大人と同じように販売したい」と話しました。しかし、出店後にイベントを企画している方から「子どもが出店してくれるだけで、イベントが賑やかになります」という言葉を聞き、彩音さんは、「私たちには、私たちにしか出せないパワーがある」と語りました。光さんは「ぼくは子どもだから、大人みたいにとかじゃなくて、人とかかわれることが大切だと思うんだけどなあ」と話しました。活動を通して、子どもは、仲間がもつ様々な考えにふれ、一人一人が感じていた自分たちがつくった「もの」や「こと」を販売する意味や価値をつくり、つくり変えていきました。

### ②対価としてもらうものの変化

　子どもは、6月と11月にお寺で、10月に宿泊体験活動先の東京都のアンテナショップで、合計三度の出店を体験しました。宿泊体験活動後に、碧海さんが、学校近くの高齢者施設を訪問して、お年寄りが喜ぶことをしてあげたいと話しました。碧海さんは、以前から自分がつくった「もの」の対価としてお金をいただくことが「For You For Me」なのかを疑問に感じていたのです。私は、これまでの活動を通して子どもはお金を得ることよりも、人とかかわり、相手に喜んでもらうことに価値を見いだし始めているととらえ、碧海さんの思いを学級の仲間に伝える場を設定しました。「『For You For Me』は、販売してお金を得るだけの活動じゃないよね」と語る碧海さんの話を聞き、全員がその考えに賛同しました。今まで商品として「もの」や「こと」をつくってきた子どもは、お年寄りが喜ぶような「もの」や「こと」をつくり始めました。高齢者施設を訪問した経験がある子どもは、洋服をかけるハンガーをつくりました。合唱祭で感動を届け、拍手をもらったことを想起した子どもは、合唱を聞いてもらおうと練習を始めました。訪問の前日、鈴美さんが「私は、『For You For Me』を通して、お年寄りに生きる勇気とか元気を届けたいです」と話しました。すると、聞いていた康太さんは、「ぼくたちは、そんな重いものを背負っているのか！」と驚いて頭を抱えました。自分が思っている以上の仲間の言葉に衝撃を受けたようで

した。

訪問当日、たくさんの施設利用者が集まり、子どもを迎えてくれました。一緒にビンゴゲームをしたり、「桃太郎」の劇を見ていただいたりしました。子どもの合唱を聞き、涙を流している方もいました。そんな姿を目の当たりにした子どもは、充実感をもって学校に戻りました。

数日後、施設利用者の方から一通の手紙が学校に届きました。その手紙には「あなたたちから生きる勇気をもらいました」と綴られていました。他にも、「黄色のハンカチは、嬉しい時悲しい時、私の涙を優しく吸い取り、私をゆたかな幸せな気持ちにさせてくれるでしょう」「つくったマスコットは私の孤独を癒してくれるでしょう」と、自分がつくった「もの」や「こと」を価値付ける内容が便箋いっぱいに書いてあったのです。子どもは、手紙を読み、沈黙しました。訪問する前に「生きる勇気を届けたい」と鈴美さんが話したことがまさか、現実となって返ってこようとは。80歳以上年齢が離れている方の生き方を自分や自分たちが変えようとは。手紙を読み、訪問前に「生きる勇気を届けたい」と話した鈴美さんは作文シートに次のように書きました。

---

出店の時とはちがった「For You For Me」があったと思いました。前にシートに書いたように、生きる勇気、希望を「For You」として、優しさ、暖かさが「For Me」だと私は考えました。「For You For Me」は時と場所によって届けるものが変わってくるんだなと思いました。優しさ、暖かさは形にできない分、たくさんの思いをのせて届けてもらったのかなと思いました。

---

これまで、体験と思考を繰り返しながら子どもは、一人一人が「For You For Me」という活動名に立ち返り、自分がつくった「もの」や「こと」の意味や価値を見いだしてきました。ものを介して人とのかかわりをつくりながら、他者の生き方にかかわり、貢献できたことが自分の喜びにつながるととらえ始めました。「『For You For Me』はこの先の人生でもずっと続いていく」これは、3学期に語られた子どもの言葉です。自分と他者とがかかわり合いながら、自分の生き方をつくる子どもの姿であったといえます。物事が合理的につくり変えられ、人間関係の希薄化が叫ばれる社会において、他者の喜びが自分の喜びにつながっていると実感し、これからの自分の生き方を前向きに見据える子どもの姿はどれほど尊いでしょう。　　（平井恵理）

# 「For You For Me」について

研究協力者　上越教育大学教授　松本健義

　創造活動「For You For Me」とは、他者が歓び元気になるものやことをつくりとどけることで自分の生き方をつくる、行為と経験の関係を指している。私（Ｉ）が、ものやことを創造し他者へととどけることで、For YouとFor Meの非対称的関係が生まれ、自分の行為（For You）と他者の行為（For Me）の意味や価値を体験可能とし、その関係が新しい私（Ｉ）を生み、生き方を組み替えて成り立たせていく重層的過程である。

　For Meは、Youへ向けてつくりとどけるものをYouが経験する過程を経て初めて経験可能となる。Meは、Ｉがつくるものやことと、それをとどけるＩの行為の社会的意味や価値である（ミード、G.H.1973.『精神・自我・社会』青木書店）。本活動は、Youの応答を経て経験可能となる私（Ｉ）と、Meを経て初めて気づく私の問い（新たな私＝Ｉ'）が立ち上がる対話的構造にある。それがＩをＩ'へと生成する生き方への問いを立ち上げていく。個々の対象や経験への問いと、問いそれ自体への問いとを内包する材の構造にある。この連関が子どもに気づきと省察を生み、未来への投企として新たな創造活動を生み出していく。問いへの問い、すなわち新たな私（Ｉ）の更新は、活動の社会文化的創造においてある。問いは活動の臨床的吟味により検証されていく。

　For You For Meの場では、多様で不明な他者の他者性との出合いがある。For Youは、他者も自分も初めて声や応答が可能となる未知で未来の世界である。創造行為を通して世界と出合い生きる学びの拡張がある。子どもたちは、上越市の古寺の縁日（６月、11月）で、表参道のアンテナショップ（10月）で、生まれ育った上越のよさをクッキーやカレンダーにして販売し、その価値をとどけた。お年寄りに笑顔や元気をとどけたいと、施設で劇や合唱をし、一緒にゲームをし、手作りのプレゼントをとどけた（11月）。家族を学校に招待し、６年間の感謝と成長をとどけた（１月）。新入生の附属幼稚園年長組を招待し、附属小学校「創造活動」で学ぶ楽しさを託した（２月）。施設通所者92歳Ｆさんは、プレゼントのハンガーには「私が一番好きな服をかけます」。玉葱の皮で染めたハンカチは「嬉しい時、悲しい時に私の頬をつたう涙をぬぐいます」と書き、ホームに入る決心を手紙で伝えてきた。Ｆさんの時間と生き方が動いたことを、80年の差を超えて経験する。12歳の自分たちにしかない生きる力を創造する「パワー」を知る。

　他者の「生きられる時間」へ意味や価値をとどけることは、他者と私のそれぞれの「生きられる時間」を動かすことである。社会をつくり私を生きる在り方へ子どもたちは歩み出している。「For You For Meは終わらない、これからもずっと続いていく・・・」、最後の授業で口々に語った言葉である。

# 02 実践教科活動〈①実践国語科〉 2年「めいく五・七・五」 ―いい句をつくっていく

## 「問い」が立ちあがる子ども

「やきいもは　ほかほかだから　口もえる」

　ぼくはおもしろい句をつくりたがりやで、一番おもしろいと思ったのがこの句です。とくに口もえるのぶぶんです。あつすぎて口がもえちゃうみたいなので、ほかほかすぎてあつすぎて口の中がマグマじょうたいだから、口もえるという言葉を入れました。

（「めいく五・七・五」子どもの第3回「めいく会」の一句とそれを選んだ理由の記述より）

## ▶活動設定の意図

　2年生の子どもは、身近な他者に伝えたいことが多くあり、それを言葉で表現することを楽しみ、ひとまとまりの表現ができることに喜びを感じます。また、言葉に合わせて身体を動かしたり、言葉を声に出すことを楽しんだりしながら、言葉の続き方やリズムのよさを身体で感じます。そして、仲間の表現に出あうことを楽しみ、そのよさに気付き、自分の表現に生かそうとすることもあります。

　子どものこのような姿から、「めいく五・七・五」を構想しました。この「五・七・五」は、五音・七音・五音の定型詩であり、俳句と川柳を含む表現様式です。国語科では、第5、6学年の俳句創作の活動で取り上げられることが多く、子どもが古典的名句を知り、それらから表現様式と技法を学び、句をつくる展開が一般的なものです。一方で「めいく五・七・五」では、子どもが、「五・七・五」に出あい、表現したいことをその様式で表すことを繰り返したり、仲間と日常的に句を読み合ったりしながら、短い言葉で表現することや仲間の表現に出あうことの楽しみをつくり、自分のよりよい表現をつくっていくことを思い描きました。

## ▶対象を設定する

子どもは、感じたことや考えたことを身近な他者に話したり、作文シートに書いたりしています。それらは表現しながら量や形式が定まっていくものです。

一方、「五・七・五」は、表現したいことを定められた少ない音数の言葉で表現する表現様式です。子どもは、句をつくりながら、言葉を声に出したり、指を折って音数を数えたりして、言葉の続き方やリズムのよさを身体で感じるでしょう。句ができていく喜びを感じながら、言葉を選んだり、表現を工夫したりしていくことが考えられます。

また、つくった句を日常的に展示し、仲間と読み合うことができます。句をつくりながら、仲間に句を読んでほしいとか、よりよい句をつくりたいという思いや願いが湧き上がっていくことが考えられます。仲間の表現と自分の体験を結び付けて想像をひろげたり、感想をもったりするでしょう。自分や仲間の表現のよさを基に表現の技法をつくり、よりよい表現をつくっていくことも考えられます。

これらのことから、「五・七・五」の定型詩を本活動の対象に設定しました。

## ▶活動のねらいを定める

子どもが、表現したいことを「五・七・五」で表現することや、それを読み合うことを通して、短い言葉で表現する楽しみやよりよい表現をつくっていくことを大切にしたいと考えました。そこで、活動のねらいを次のように定めました。

> 感じたことや考えたことを五・七・五で表現したり、句を仲間と読み合ったりする活動を通して、表現したいことに合う言葉を選んだり、表現のよさをとらえたり、表現の工夫をつくったりしながら、短い言葉で表現する楽しみやよりよい表現をつくる。

## ▶子どもから湧き上がる思いや願いを思い描く

### ①「五・七・五」をつくることを繰り返し、日常的に展示する環境をつくる

表現したいことを「五・七・五」で表現し、本活動の「めいくノート」に書きます。子どもは句をつくることを繰り返しながら、気に入った句を仲間に読んでほしいとか、仲間の句を読みたいという思いや願いが湧き上がるでしょう。短冊と筆ペンを用意し、句を書いた短冊を日常的に展示できる場をつくります。自分の句について仲間が感じたことを聞いたり、仲間の句について考えたことを伝えたりしながら、表現

したいことを短い言葉で表現する楽しみをつくっていきます。

## ②よさを感じた句とそのよさを伝え合う句会「めいく会」を開く活動を設ける

「めいく五・七・五」における句会「めいく会」を開く活動を設けます。子どもと共に、開く日や題材、進め方を決めます。子どもは、自分の句のよさを仲間から聞いたり、仲間の表現に共感したり、言葉の選び方のよさをとらえたりするでしょう。それとともに、自分の表現の工夫やよさを感じる句に含まれる表現の技法に着目し、「めいくわざ」をつくっていきます。よりよい句への思いや願いが湧き上がり、表現したいことを、言葉選びや組み合わせ、順を工夫したり、「めいくわざ」を生かしたりしながら表現し、自分のよりよい表現をつくっていきます。

## ▶活動の実際 ── 第3回「めいく会」の句をつくる ──

### ①「五・七・五」をつくることを繰り返し、「めいく会」を開く

子どもは2年生初日に、教師の「自己紹介五・七・五」に出あい、活動を始めました。一句できるたびに喜び、教師から手渡された「めいくノート」に、句をたくさん書いていくことを楽しみました。また、気に入った句を短冊に書いて展示し、仲間に読んでもらったり、よさを感じた句を紹介したりしました。

そして、句をつくりながら工夫したことやよさを感じた仲間の句に含まれる表現の技法に着目し、名付けていきました。つくった「めいくわざ」は、擬音語を生かす「音めいく」、擬態語を生かす「様子めいく」、色を表す言葉を入れる「色めいく」、文字表記を工夫する「文字がえめいく」、ものやことを別の言葉で表す「言いかえめいく」、比喩表現を生かす「へんしんめいく」です。

よさを感じた句やそのよさを伝え合いたいという子どもの思いや願いをとらえ、「めいく会」を開く活動を始めました。「めいく会」の2回目を終え、圭太さんは「おもしろい五・七・五をつくろうと思ってつくったらえらばれてよかったです。3句えらんで、それぞれすごくいいとくちょうがあると思いました。めいく会3回目もいい句をえらんで新たなはっけんができるといいです」、健二さんは「いっぱいできたけどいいのができなくて、あまりいい句が出せませんでした」と振り返りました。よい表現に出あうことに楽しさを感じたり、よりよい句をつくりたいという思いや願いが湧き上がったりしていました。

## ② 第3回「めいく会」の題材を決め、句をつくる

　第3回「めいく会」は10月7日に始めました。前日に郁也さんが「そろそろめいく会がしたい」と話し、そのような思いをもつ子どもが多くいました。題材は「秋」に決まりました。子どもは「葉っぱの色が変わり始めている」「栗を公園で拾って、お姉ちゃんと『もう秋だね』と話した」などと、「秋」を題材にしたい理由を話しました。すぐに、表現したい「秋」がある場に行き、句をつくりました。つくる時間を終えて教室に戻ってきた子どもは「けっこういい句ができた」「時間があればもっといい句ができそう」「まだいい句ができてない」「もっとつくりたい」と話しました。子どもと、もう一度、句をつくることに決めました。

## ③ よりよい表現へのきっかけを得て、改めて句をつくる

　子どもは、よりよい句をつくることへの思いや願いが湧き上がっていました。そのような子どもがよりよい句をつくるきっかけを得て、改めて句をつくる活動にしたいと考えました。子どもが前時に句をつくりながら工夫していたことが、そのきっかけになり得ると考え、子どもに話すことを促しました。

　光里さんは「秋のことを考えてイメージしながらつくった」と話し、葉と風を例に挙げました。題材で表現したいことから想像をひろげるということです。

　圭太さんは「『秋』を入れないで、秋とわかるように句をつくった」と話し、続けて那菜さんが「『秋』って入れない方が難しいんだけど、『秋』って言葉を使わない秋を表現した方が楽しい」と話しました。題材の言葉を用いずに表現することの楽しさです。一方で郁也さんは「『秋』を入れた方がすぐに秋ということがわかる」と、題材の言葉を用いると題材が伝わりやすいというよさを話しました。

　また、那菜さんは「色めいくを使って、しかも『秋』を入れない句をつくっていくとイメージできて楽しい」と話しました。続けて郁也さんが「一句に音めいくと言いかえめいく、様子めいくと言いかえめいくを使った」と話し、一句に二つの「めいくわざ」を生かすことを、子どもは「ダブルめいく」と名付けました。

　句をつくりながら工夫したこれらのことを共有し、改めて句をつくりました。

　尚人さんは、お気に入りの句が「木のはっぱ　なつはみどりで　あききいろ」「ミズナラだ　あなにクワガタ　いないかな」で、植物や生物を詠み、その色や自分の心情を直接的に表現する句を多くつくってきました。その尚人さんが表現したい秋は、ヒガンバナでした。数日前に自宅から持ってきて、創造活動でつくった庭に植え、開花したのです。それについて右の6句をつくりました。

| | | |
|---|---|---|
| ヒガンバナ | <u>秋のたいよう</u> | まっ赤だよ |
| ヒガンバナ | 秋でいちばん | きれいかも |
| ヒガンバナ | まっかできれい | すごくねえ |
| ヒガンバナ | <u>あきのたいよう</u> | みたいだな |
| ヒガンバナ | あきでいちばん | すきな花 |
| ヒガンバナ | すごくまっかな | <u>たいようだ</u> |

ヒガンバナが好きであることやその赤色の鮮やかさを表現しようと、言葉の組み合わせを変えたり、色を表す言葉を用いたりしました。他に「コスモスは　かがやいている　ほしみたい」という句もつくりました。植物を詠み、色を表現しながら、下線部のような比喩表現を新たにつくっていきました。

　圭太さんは、第2回「めいく会」で一つの表現したいことについて、言葉を変えて6句をつくりました。今回は、焼き芋の句をつくり続けました。その熱さやおいしさを表現しようと、言葉の順と組み合わせを多様に変えながら、さらに多くの句をつくり、表現したいことに合う言葉で表現していきました。

**④最も「いい句」を選ぶ**

　子どもは「いい句ができた」と満足そうに話し、第3回「めいく会」の一句を決め、短冊に書きました。尚人さんは「ヒガンバナ　秋のたいよう　まっ赤だよ」に決め、「ダブルめいくでヒガンバナがすきなのでえらびました。いい句をつくりたいと思っていたら、思いつきました」と振り返りまし

| | | |
|---|---|---|
| やきいもを | すごくほおばる | おいしいよ |
| やきいもは | あっちっちっち | 口もえる |
| やきいもが | たくさんあるよ | ほおばるよ |
| やきいもは | ほかほかあつい | あたたまる |
| やきいもは | ぼくが大すき | ほかほかだ |
| やきいもは | おいしいついで | あたたまる |
| やきいもを | すごくほおばる | ほかほかだ |
| やきいもの | 中のみあつい | おいしいよ |
| やきいもは | おいしいですよ | オススメだ |
| やきいもを | 自分で食べたら | ほかほかだ |
| やきいもは | ほかほかだから | 口もえる |
| たくさんね | やきいもたべる | ほっかほか |
| やきいもは | 秋のたべもの | おいしいよ |
| やきいもは | いっぱいあるよ | おいしいよ |
| ほかほかの | やきいもたべる | おいしいよ |
| ほかほかの | やきいもたべる | うますぎる |
| やきいもは | うますぎるんだ | たべますよ |
| やきいもは | あっちっちっち | あっうまい |
| やきいもは | ほかほかすぎて | たまらない |
| やきいもが | いっぱいあるよ | ほっかほか |

た。表現したいことと生かした技法を併せて句のよさをとらえています。圭太さんは「やきいもは　ほかほかだから　口もえる」に決め、「ぼくはおもしろい句をつくりたがりやで、一番おもしろいと思ったのがこの句です。とくに口もえるのぶぶんです。あつすぎて口がもえちゃうみたいなので、ほかほかすぎてあつすぎて口の中がマグマじょうたいだから、口もえるという言葉を入れました。やきいもは秋の食べもので、秋というのを入れなくても秋らしいのがいっぱい五・七・五の中に入れられるので、秋っていう言葉をぼくはだいたい入れないです」と振り返りました。表現したいことに合う言葉で表現したことを実感し、題材の言葉を用いない表現のよさをとらえています。

　子どもは、表現したいことを「五・七・五」で表現することを繰り返し、句を読み合うことを通して、「いい句」への思いや願いが湧き上がり、言葉を選んだり、表現技法を生かしたりしながら、よりよい表現をつくっていくのです。　　　　（笠井　悠）

# 「めいく五・七・五」実践について

研究協力者　上越教育大学教授　古閑晶子

　17音に凝縮した句遊びを仲間と行う中で、言葉のもつ新たな世界や変化する面白さを契機に、言葉による見方・感じ方の多様性に共感し、創造することを楽しむ言語遊戯的な学びが具現しています。遊び特有の創造性や伝承性が働くため、俳句文化の担い手・創り手として言語感覚を磨き、季語や表現効果を認識していく中・高学年の学びの基盤となる2年生の特徴的な姿が発揮されています。新学習指導要領に導入された言語文化としての言葉遊びは、幼小接続を踏まえた遊び歌・しりとり・洒落等の音韻による遊びや、謎かけ・見立て等の意味を問うレトリカルな遊び、五十音遊び・かるた遊びといった創造的な遊び等、多種多様です。本実践の句遊びでは、五・七・五の「音律」に拠ることで生じる言葉の「意味」や「機能」も感受しながら、イメージ・想像を拡充していく学びが表出しており、暮らしを彩る短詩系文化の創り手意識が子どもの内面に芽生える過程がうかがえます。

　そこで、音律を定めた句遊びから呼び覚まされた既有の感じ方を前提に、想像し直しながら句づくりを楽しみ、多様な特徴や良さを発見・共有していった尚人さんと圭太さんの学びに着目してみました。尚人さんは、「ヒガンバナ　まっかできれい　すごくねえ」「ヒガンバナ　あきでいちばん　すきな花」と、鮮やかな赤への感動や好きな花への感情を二句に分けて直接表現していました。が、「ヒガンバナ　秋のたいよう　真っ赤だよ」と、一句で両方の思いを間接表現する句に創り換えたのです。自ら育てたからこそ鮮やかに映る「彼岸花特有の赤」と、この赤だから秋の花として「一番好きだ」という情感は同時に沸き起こります。でも、たった17音では、二句に分けざるを得ない自身の見方や表し方に違和感を覚えます。ヒガンバナの赤とそれを喜び好む情感の両方がイメージできれば、もっと「いい句」になるかもしれないと問うてみます。それを契機に、二つの情感を共通の何かに「見立てる」修辞的な思考を巡らせイメージし直し、比喩表現による中句「秋のたいよう」を創り出したと考察できます。一方、圭太さんは、「ほかほかの　やきいもたべる　おいしいよ」「やきいもは　あっちっちっち　口もえる」等、仲間とイメージを分かち合う声喩表現を見つけ、多様に使い分けることを楽しんでいました。ところが、「やきいもは　ほかほかだから　口もえる」と、敢えて因果関係を示す「だから」を使った句に創り換えたのです。それは、声喩「ほかほか」「あっちっちっち」から予想可能な下句を付けても、仲間の反応が薄い場の雰囲気を感知し自問したからです。句遊びや句会をする仲間にとっても、すぐイメージできる句より、色々想像できて面白い句の方が「いい句」と感じるのではないかと捉え直すようになり、幾つも試作しています。その過程で、因果を表す「だから」は下句が予想できるという機能を逆に使い、むしろ予想と少しズレる下句を付ければ、「ほかほか」から「口もえる」までの間に起きたエピソードを多様に想像できて面白いことに気付いたと考察できます。

　このように、句ノートに書き溜める営みが読み手意識を促し、自身の既有の見方・感じ方への違和感や自問を契機に、新たな発想を創造し続けること。仲間との句遊びや句会の座は、「いい句とは何か」を問い直す契機となり、各々が捉える「いい句」に応じた見方や表し方を知恵や技として発見・共有していく過程を具現すること等、授業者が志向する「子どもの『問い』が立ちあがる教育活動」の一端を再認識できました。

# 02 実践教科活動〈②実践社会科〉 6年「紙幣でみる近現代」 —いつものお札から、時代や歴史が見える

## 「問い」が立ちあがる子ども

　　紙幣の肖像となった人物。誰にとっても身近なお金ですが、その人物について知っていることは意外と少ないものです。「知っているようで知らないことっていろいろありました。今回の活動でじっくりと調べることができて良かったです。近代の人物が、みんな今の自分、自分のくらしとかかわっているような気がします。お札の肖像になっている人は、現在の常識を形作ってきた人です」すべての人物に共通点を見いだした子どもは、その日の学びをこのように振り返りました。

（「紙幣でみる近現代」子どもの振り返りの文章より）

## ▶活動設定の意図

　社会科の歴史的分野において、多くの授業者が悩むのは扱う歴史的事象が子どもとかけ離れている点ではないでしょうか。できる限り身近な対象を教材とすることで、子どもが興味関心をもちながら学ぶことができることは、これまで多くの実践者から語られてきました。地域素材の教材化などはその最たるものでしょう。では、なぜ、多くの実践者がこのような教材開発を行ってきたのでしょうか。私は、学び方やその道筋、学んだその後の世界の見方を変える子どもの姿を思い描いていたからだと考えます。

　こうしたことを踏まえ、私は、子どもが自ら学び、自分の考えを構築していくような活動をイメージしました。子どもが自分の歩調に合わせ、自ら学びを進めていくことができるような活動が大切だと考えたのです。そして、今回は紙幣の肖像となって

いる6名の人物について、自らの歩調で追究していく子どもの姿を思い描いて活動を設定しました。

## ▶対象を設定する

今回、対象として選定したのは、現紙幣の肖像である福澤諭吉、樋口一葉、野口英世の3名に加え、2024年から発行される新紙幣の肖像である渋沢栄一、津田梅子、北里柴三郎の計6名です。令和の新紙幣に対する期待感と話題性を考え、新紙幣の人物を対象に加えました。この6名については、伝記や歴史漫画、人物辞典等、多数の資料が刊行されています。子どもを引きつける力はもちろん、子どもが自ら学びの歩みを進めていく社会科の対象としての魅力をもっていると考えます。

子どもが日常的に目にする紙幣。そこに描かれている肖像画は誰もが見たことがあります。また、資料が豊富にあることも重要な点です。子どもの調査活動は、資料、とりわけ書籍資料が豊富であると充実した学びの時間となります。インターネットで調べることも手段の一つですが、学問としての価値に違いがあると考えます。偉業を伝

えるために編集された伝記ではあっても、歴史的事実を踏まえて出版されている書籍資料の価値はインターネットのそれとは大きな違いがあると考えます。今回の活動に際して、多数の書籍資料を準備しました。学校の図書館、市立図書館で借りた書籍、新たに購入した書籍、合わせて100冊程度を本棚に用意しました。

## ▶活動のねらいを定める

子どもは、こうした書籍資料を読み進める中で無自覚的に比較しながら共通点や相違点を探り、それぞれの人物が果たした業績を括ったりつなげたりしていくのではないかと考えました。子どもが大きく時代を括るような歴史観をもったり、今の自分に引きつけながら人物やその業績についてとらえたりする姿を思い描きました。そこで、ねらいを以下のように設定しました。

> 紙幣の肖像になっている近代の人物や出来事について調べたり、情報やその解釈を共有したりすることを通して、近現代に対する自分の考えをつくる。

## ▶活動のねらいに向かう子どもの行為の変容を思い描く

### ①紙幣の肖像となっている人物を調べたい順番で調べる

　学びのスタートは、誰もが同じではありません。北里柴三郎から調べ始めた子ども と福澤諭吉から調べ始めた子どもでは、その後に調べた人物の受けとめ方が大きく変 わってくると考えます。福澤は、近代における言論界のリーダーであり、多くの起業 家や科学者を支援した人物です。福澤について調べた子どもは、新たな人物と福澤を 結び付けながら学びを進めていくでしょう。例えば、津田梅子について調べた子ども が、樋口一葉について調べると、同じ女性として比較して考えるでしょう。同じ６名 について調べていても、調べる順番が違えば人物の印象やとらえ方は変わっていきま す。子どもは、資料を読み、調べながら自分の考えを少しずつ形作っていきます。書 籍資料を渡せば皆同じになるというような存在ではありません。だからこそ、調べる 順番や毎時間書き残す子どもの振り返り、つまり行為の変容を手がかりに、子どもが 学ぶ道筋を見つめていきます。

### ②肖像となっている人物を比較する

　子どもは無自覚的に人物を比べながら共通点や相違点を探していきます。調べてき た人物について整理する時間を設けることで、新たな見方やとらえ方をするようにな ると考えました。そこで、全ての人物について調べ終えた後、皆でそれまでの学びを 整理したり考えを共有したりする機会を設けました。こうした共有の機会は、自分の 学びを振り返ることにつながり、話しながら微妙な他者との考えの違いや共通点につ いて見つめていくと考えました。そして、「そもそも……」という根本に行き着くの ではないかと思い描いたのです。それは、「なぜ、この６名が紙幣の肖像に選ばれた のだろうか」という問いです。こうした「そもそも……」は、学びを進めたときに表 れ始め、根拠をもった考えにつながります。そこから、学びの広がりや深まりが生ま れ、大きな歴史観として子どもの中に残っていくと考えます。そのためには、全員が 同じ土台に立つ必要もあります。６名についての情報を皆がもっていて、それぞれが 学びの歩みを進めた子どもだからこそ、受けとめ方や見方が違い、議論が生まれ、歴 史観がつくられるのです。

## ▶活動の実際

　対象との出合いの時間。現在の紙幣を子どもに示したとき、歓声が沸きました。生 活のための必需品であり、日常の世界に常に存在する対象。必然的に、子どもの視線 は対象に向いてきます。自信満々に知っていることを話す子ども。しかし、実は知っ ているようで知らないというつぶやきも聞こえてきました。新紙幣についても紹介

すると、この情報に驚く子どもも
いました。「意外と知らないから、
ちょっと知りたいかも」と子どもが
話したときに、あらかじめ用意して
おいた本棚を出しました。子どもの
前に100冊以上の書籍資料を提示す
ると、瞬く間にその資料に惹きつけ
られていきました。次の時間から調
査を開始する予定でしたが、本棚を

見せた直後には本の周りに集まる姿を見て、学びへの気持ちの高まりを感じました。
「誰から調べようかな」次々に子どもが書籍資料に向かっていきます。

　次時、キーボードの音が教室に鳴り響きます。夢中になって読み続け、分かったこ
とを書き残していきます。活動の際に
子どもに伝えたのは、毎時間、最後に
振り返りを書くことのみです。当校で
利用している授業アプリ、ロイロノー
ト・スクールに、学んだことと考えた
ことを書き溜めていくのです。しばら
くは、この繰り返しです。その振り返
りを読みながら、コメントを書いて返
したり、子どもと共に話す機会を設け
たりしていきました。そして、6名全

> 　今日北里柴三郎さんの事を調べてす
> ごく人を救いたいんだなと感じました。
> 彼は、破傷風の予防薬を開発したりペ
> スト菌を見つけたりしました。この方が
> いたから破傷風菌に怯えなくて良くなっ
> ていると思います。私は北里柴三郎さん
> を英雄だと思います。

ロイロノート・スクールに書き溜めた子どもの記述の一例

員について調べ終えた後、「そもそも、どうして6名が選ばれたのだろうか」と、数
名の子どもの振り返りにあった問いを話題にし、整理、共有の機会を設けることにし
ました。

　「野口英世さんは、日本のために尽くした人です」奈菜さんが、書籍資料を読んで
自分の野口英世の解釈について発言しました。「野口って、日本のために尽くした人
なのかな」「確かに、感染症に対して研究を重ねたけれど、日本のために尽くしたと
は少し違うと思う」発言を聞いた子どもの違和感が次々に表出しました。奈菜さん
は、書籍資料を読んで、現代を生きる自分や日本人にとっての解釈を話していた一方
で、それを聞いた仲間は、実際に野口が積み重ねてきた業績を野口の側からとらえて
いたのです。

　一人一人がとらえる人物像は人によって様々でしたが、決定的に違ったのは、現代
を生きる自分を主語にして人物の業績をとらえている子どもと、その人物を主語にし

て業績をとらえている子どもがいたことです。そのズレは人物に対する見方に直結していました。「樋口一葉さんは、女性でも立派に働いていくことを証明した人だと思う」と果歩さんが話すと、すかさず優さんが「樋口一葉さんは、女性でも立派に働けることを示しているのではないと思います。自分が生きるために、必死になって小説を書いていたように思います」と話します。考えの相違の原因が主語の違いにあることで、今を生きている自分と過去に生きた肖像の人物との2つの視点があることに子どもが気付きました。ここで、これまでのとらえをお互いに見つめ直すのです。果歩さんは、樋口一葉がどのように生きたかという事実について、優さんは、後世に与えた影響についてとらえ直したのです。その発言の後、煌哉さんが、自信ありげに津田梅子について語りました。「津田梅子さんが、女性の社会進出のきっかけをつくった人だと思います。津田さんの考えていた女性が活躍する社会は、今まさに起きていることだと思います。日本の首都のトップが女性になるほどに変わってきているのだから」と話しました。女性が活躍する社会の原点になっているという煌哉さんの考えは、現代社会とのつながりがあることを示唆していました。

　最後に「なぜ、肖像のモデルは6人とも明治の人間なのだろうか」と問いました。多くの子どもが潜在的にもっていた問いだと考えていたからです。煌哉さんは、「他の人物についてもやっぱり同じことが言えるから、この6人の活躍は現代の常識をつくっていると思う。だから紙幣に選ばれたのだと思います」と話しました。この「やっぱり」という言葉から、自分の考えをより強固なものへと変えたことが読み取れます。果歩さんは「津田梅子さんも樋口一葉さんも、女性の活躍を後押しした人だと思います。紙幣に描かれる人がいなければ、今の日本はないというほど大きなことをしているように思います」と書き記しました。「証明」から「後押し」という表記の変化からは、その時を生き抜いた樋口一葉の生き様をも含めた言葉だと考えられます。

　優さんは「先生、難しいよ。答えってあるのかな」と悩み続けていました。難しいと話している優さんも、より深く考えていたため悩んでいたのです。活動後に話を聞くと、「だって、近代ってこんな人物がもっとたくさんいたはず。その中から、この6人になった理由ははっきりとは言えないよ」というのです。優さんは、6名の業績から、明治時代が大きな変革の時代であることを理解し、他にも優れた人物はたくさんいて、自分とのつながりはもっとあることを推測し始めたと言えます。こうした子どもの姿は、そこまで議論してきたことや自分で調べたことを総合的に考え始め、大きな歴史観をもち始めていると姿といえるのではないでしょうか。　　　（五十嵐徳也）

# 「紙幣でみる近現代」について

研究協力者　上越教育大学准教授　中平一義

　本実践は、現行および、2024年度上期より新規発行される紙幣に描かれる肖像の人物6人を通して、共時的・通時的に子どもの社会認識を深めています。その認識の深まりには、巧みな教材選択と、子どもが「問い」を立ちあげ続けることができる授業展開が大きく影響しています。

　しばしば、身近な地域にある資料（歴史的な建物、人物など）を、子どもに教える対象として選択することがあります。しかしながら、そのような空間的な近さを理由に教師が教える対象を選択しても、それは必ずしも子どもにとって有用性をもつ教材になりえるとはいえません。そのような地域の資料が子どもにとって身近であると擬制する実践では、その資料の伝達で終始してしまうことがあるからです。本実践では、近代を認識するという目的から、紙幣の肖像の人物を調べ比較検討するという課題を設けています。単元の展開は、まず近代という時代を概観し、主たる教材である紙幣の役割を確認し、その上で、紙幣の肖像となる人物について思いをめぐらせます。これは、現行の学習指導要領で示された学習過程の一例（課題把握、課題追究、課題解決）の一連の流れと同様のものです。一方で、先述のように身近さの擬制に関わる課題があります。では、授業者は、どのようにその課題を乗り越えたのでしょうか。そこには、授業者の二つの工夫があります。

　第一に、考える足場の形成です。単元の前半の中盤で、歴史を概観し、さらに個別に調査をしています。これにより、近代を概観する一定の共通の考える足場と、子どもの興味関心に基づいた主体的な調べ学習による個別の考える足場が形成されています。第二に、単元の中盤から後半の「問い」が生じたり解決したりする話し合いです。紙幣として選択することの正当性を議論する場面では、「尽くす」の解釈をめぐり、その範囲や内容について次々と子どもの中の対立と拮抗のバランスが崩れ「問い」が生じています。さらに「女性像」の解釈をめぐる「問い」も、過去の視点、現在から過去を見る視点から展開されています。実際に、概観しているのは近代にもかかわらず、子どもの「問い」は、近代と現代を架橋しています。それは、子どもの個別の考える足場が、次々と生じる「問い」により再構成されているからです。なお、子どもの考えは拡散してしまうことがあります。本実践では、子ども自身が考えを整理したり、比較検討したりするためにICTをツールとして活用しています。

# 実践教科活動〈③実践算数科〉
# 2年「ぴったりパズル」
## ―多面的に図形をとらえる

### 「問い」が立ちあがる子ども

　わたしが考えるマイパズルを解くコツは、直角を見つけることだと思います。そうすると、はしっこにはまるからです。でも、わたしのパズルは直角がたくさんあります。これはひっかけです。直角をはしっこにしてもうまくいきません。でも、直角が4つくっつくときれいにはまって、大きな四角形ができます。気持ちがいいです。

（「ぴったりパズル」活動後のノートの記述より）

### ▶活動設定の意図

　図形のとらえをひろげるとはどういうことでしょうか。図形の構成要素である辺、頂点、角などに着目して図形をみると、「3本の直線に囲まれていると三角形」「直角のある三角形は直角三角形」ということが分かることは、図形のとらえをひろげることであると言えるでしょう。それだけではなく、図形のとらえをひろげるとは、図形を多面的にとらえることだと考えます。例えば、台形の形を1本の直線で切ると、三角形と四角形に分けることもできますし、三角形を2つに分けることもできます。これは、形の合成と分解です。また、回転して図形を見ることで、これまで見えなかった見方でその図形をとらえなおすこともできます。

　このように、図形のとらえをひろげるということは、図形を多面的に見ることであり、新しい視点で図形を見ていくことであると考えます。一人一人の発想から様々な視点で図形を見ていきます。それぞれの視点を共有することで、子どもの図形の見方

はよりひろがっていきます。

　子どもが自らの手で動かし、それぞれの歩みでつくった図形に対しての見方は、子どもにとって生きてはたらく知識や技能となると考えます。だからこそ、このような子どもの姿を思い描きながら、実践算数科「ぴったりパズル」を構想しました。

## ▶対象を設定する

　子どもが図形を多面的に見る姿を思い描いたときに、着目したのがパズルです。パズルは、辺の長さや数、角の大きさ、頂点の数などの視点だけで見るのではなく、形を回転させたり、合成や分解したりする見方をはたらかせながら解いていく遊びです。パズルピース一つ一つの形が一様ではないために、その図形の構成要素も様々な視点で見ていく必要があるからです。そこに、図形の見方をひろげる子どもの学びがあると考えました。また、はまらなそうなパズルピースがぴったりはまったり、パズルピースの形を見てどこにはまりそうなのかを考えたり、全てのピースがはまりパズルが完成した時の達成感をあじわったりできるところに、パズル遊びのおもしろさがあると考えます。子どもがパズル遊びをしながら、多面的に図形をとらえることができると考え、パズルを対象に設定しました。

## ▶活動のねらいを定める

　第2学年の子どもは、旺盛な好奇心に支えられ対象と熱心にかかわる姿が特徴として見られます。本活動で子どもは、「頂点で図形を切るとどのような形になるかな」「いろいろな友だちのパズルを解いてみたい」などと思いを膨らませながらパズル遊びを楽しみます。マイパズルをつくったり、仲間のマイパズルを解いたりしながら、図形の見方をひろげていくことを思い描き、ねらいを定めました。

> 　マイパズルをつくり、つくったマイパズルで遊ぶ活動を通して、様々な図形を、視点を変えて見たり、仲間と図形についての気付きを共有したりしながら、図形の構成要素に着目して図形の見方をひろげる。

## ▶子どもから湧き上がる思いや願いを思い描く

### ①マイパズルで遊ぶ

　本活動では、マイパズルをつくり、仲間と一緒にマイパズルで遊ぶ活動を行います。マイパズルをつくりながら、できあがったパズルピース一つ一つを比べたときに、同じ三角形でも違う図形があることに気付いたり、パズルフレームにぴったりと合う角は、直角になることが分かったりしていきます。マイパズルが完成すると、仲

間に自分のマイパズルで遊んでもらいたいと思いを膨らませていきます。自分のマイ
パズルを仲間が解いているときに、横からのぞき込みながらヒントを出したり、仲間
が楽しんでいる姿に満足感を得たり、より難しいマイパズルをつくろうとしたりしま
す。マイパズルをつくったり、マイパズルを解き合ったりする中で、子どもから湧き
上がった思いや疑問を学級全体で共有することを通して、図形の構成要素に着目しな
がら、図形の見方をひろげていきます。

## ②仲間のマイパズルを解くコツを共有する

　本活動では、仲間とマイパズルを解き合います。子どもは、ぴったり合うように形
を回転させたり、当てはめる場所を変えたりしながら、辺の長さや頂点の数、角の大
きさなどの図形の構成要素に着目して考えていきます。また、子ども一人一人がマイ
パズルを解く時に考えたコツを語り合うことが、図形の構成要素に着目しながら、図
形の見方をひろげることにつながります。仲間とお互いに気付いたコツを共有するこ
とで、新たな図形の見方を見いだしていくのです。

## ▶活動の実際

### ①マイパズルで遊ぶ

　活動の始め、一人一人にパズルのフレーム（15cm×
15cmの正方形）を渡し、あらかじめ用意した3種類のパ
ズルで遊ぶことから始めました。子どもは、教師が用意し
たパズルを楽しむ中で、「自分でもつくってみたい」と思
いを膨らませました。そこで、マイパズルをつくることと
しました。マイパズルをつくるときに「直線で3回切るこ
と」を条件としました。例えば図1のようなパズルです。

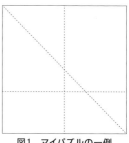

図1　マイパズルの一例

図1のように、縦、横、斜めの3本の直線で切ることで、7つのパズルピースからな
るパズルとなります。

　パズルフレームをもらった子どもは、マイパズルをつくり始めました。一つ、二つ
と、いくつもマイパズルをつくりました。また、マイパズルができると、パズルピー
スを崩して、自分でできるかどうか遊ぶ子どももいました。「このパズルピースはこ
こに来そうだな」「何回も動かしているうちにパズルピースの置き場所が分かってき
た」などと、直感でパズルピースを置いてみたり、手数をかけることで解いたりする
子どもの姿がありました。マイパズルをつくった良太さんは、

今日もマイパズルをつくりました。今日は7ピースのマイパズルができました。おなじ三角形や四角形でも、いろいろな形がまざったマイパズルができました。

と振り返りました。三角形や四角形という図形を別の視点でとらえようと図形の見方をひろげる姿ととらえられます。

### ②自分がつくったマイパズルを仲間と遊ぶ

いくつもマイパズルができあがってくると、自分がつくったマイパズルを「仲間に紹介したい」とつぶやく姿が見られました。そこで仲間とマイパズルを解き合う機会を設定しました。子どもの直感的な判断だけでなく、より正確に、少ない手数でマイパズルを解くことが、図形の構成要素の着眼をうながすと考えました。そこで、以下の2つの条件を追加しました。

・置いたピースは動かせない
・お手つきは3回まで

子どもは、マイパズルを解き合う中で、「パズルのどこからピースを置いていけばよいのか」「どうすればお手つきしないでパズルが完成するのか」と、これまでのように手当たり次第に組み合わせていくピースの置き方をするのではなく、まずはパズルピースの形をよく見比べたり、辺の長さや角の大きさといった図形の構成要素に着目したりするようになったのです。

「かくかく角は、端に当てはまることが多い」と直角の角度に着目することに気付いた結衣さん。「このパズルピースは、じゃまもの（台形）と思っていたけど、三角形と四角形に分かれていると考えると当てはめることができる」と図形を合成すると別の形ができるという図形のとらえをひろげた義男さんなどと、パズルを解くコツを語りながら、図形の見方をひろげる姿が見られました。

仲間のマイパズルで初めて遊んだ時の振り返りでは、「友だちのパズルをするのは、難しいけど、楽しかったです」と話していた美結さんでしたが、仲間とパズルを繰り返し解き合う中で、直角の形を角に合わせるとよいのではないかと考え当てはめてみたり、2枚の三角形を合わせて四角形をつくって当てはめたりするようになっていく姿が見られました。そして、繰り返し仲間のパズルを解いていく中で、ある時「わかった！」と一度もお手つきをせずにパズルを完成させたのです。どう

して一度もお手つきをせずにパズ
ルができたかと尋ねると、「だっ
て、祐子さんのパズルは、4つが
かくかく角になっているんだもん。
この4つを合わせると大きな形が
つくれるんじゃないかと思って」

と話しました。美結さんは、4つの角がどれも直角になっ
ていることに気付いたのです。そして、繰り返し仲間とパ
ズルを解き合う中で見つけ出してきた4つの直角をくっつ
けるとぴったり重なるということを、図形の見方の一つと
して明らかにしたのです。美結さんは以下のように振り返
りました。

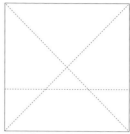

図2　祐子さんのつくったパズル

> 　わたしは、マイパズルを解くコツは、直角を見つけることだと思います。そうする
> と、はしっこにはまるからです。でも、わたしのパズルは直角がたくさんあります。
> これはひっかけです。直角をはしっこにしてもうまくいきません。でも、直角が4つ
> くっつくときれいにはまって、大きな四角形ができます。気持ちがいいです。

　これまでは闇雲にパズルピースを当てはめていた美結さんが、仲間とマイパズルを
解き合う中で、図形の見方をひろげていった姿と言えるでしょう。

### ③図形の見方をひろげる子ども

　他のパズルでも遊んでみたいと考えた子どもの思いをとらえ、複数の色板で形をつ
くり、つくった色板パズルをシルエットクイズとして出し合う活動を行いました。子
どもが複数の色板で形をつくったり、仲間とシルエットクイズを解き合ったりするこ
とを通して、様々な図形が重なり合って別の形がつくられるという図形の見方をつ
くっていけると考えたからです。そこで子どもと色板で形をつくりました。出来上
がった色板パズルをシルエットクイズで出し合う中で、「形を足し算するといろいろ
な形ができる」と、三角形や四角形などの組み合わせによってできる図形がいくつも
あることに気付いた子ども、辺の長さに着目すると同じ四角形でも違う形に分けられ
ることに気付いた子どもなど、図形のとらえをさらにひろげる姿が見られました。

　「おしいな。辺の長さは同じなんだけど、とがっているからはまらないんだよ」パ
ズル遊びをしていると、思わずつぶやいてしまう子どもの姿があります。パズルで遊
びながら多面的に図形をとらえ、図形の見方をつくり、そしてひろげていくのです。

（笠井将人）

# 「ぴったりパズル」の実践について

研究協力者　上越教育大学教授　布川和彦

　図形の理解に関わる理論として世界中の数学教育関係者の間で共有されているものとして、オランダの研究者ファン・ヒーレによる幾何的思考の水準論があります。最初の視覚的水準では「かたち」を視覚的に捉えていますが、続く記述的水準では見たものの特徴を記述していくことで、見た目で捉えられている「かたち」はそれらの特徴を伴ったものとなります。第3の理論的水準では、図形の定義が機能し始めます。「かたち」は見た目ではなく定義により判断をされます。この水準で「かたち」は幾何的な「図形」となり、中学校で論証を学習するために必要な捉え方になると考えられます。また、日頃から見慣れた三角形だけでなく、鈍角を含むかなり細長い三角形でも三角形だと自信をもって判断できたり、正方形は細長くないので見た目は「ながしかく」ではないけれど、でも4つの角が直角なので長方形だといったいわゆる包含関係を理解できたりするためには、第3の水準に至る必要があると考えられています。図形の定義が辺や頂点、角といった図形の構成要素の特徴やそれらの関係により規定されることを考えるならば、「かたち」から「図形」への移行の第一歩が、図形の構成要素に着目して「かたち」を捉えたり、その特徴を記述したりすることだと言えます。

　このような図形の学習の大きな流れから捉えたときに、「ぴったりパズル」の実践は、この第一歩を子どもたち自らが自然に歩み出せるように工夫されたものと見えます。パズルの場合、「パズルピースの形を見てどこにはまりそうなのかを考え」るといったように、見た目の「かたち」に基づいてまずは活動を進めることができますし、「全てのピースがはまりパズルが完成した時の達成感をあじわう」といったように自分の活動の結果も見た目をもとに自身で判断することが可能です。つまり第1の水準の「かたち」の捉え方から出発することができます。しかし、「マイパズルをつくったり、マイパズルを解き合ったりする中で」子どもたちはパズルについて振り返り、解くためのコツが話題となったり、作ったパズルを確認したりし、そこで気づいたことを言葉にすることが、「直角を見つけること」などと図形の特徴を図形の構成要素に着目して記述することになっています。また図形を合成して別の形を作る際にも、ぴったりとくっつく辺に着目したり、合わせると直角になる角に着目することになるので、構成要素を意識することにつながります。さらにパズルフレームの隅に来ない直角をあえて「たくさん」作って「ひっかけ」にしたり、「辺の長さは同じなんだけど、とがっているからはまらない」というように辺の長さに最初から着目したりするなど、図形の構成要素が子どもたちの思考を方向づけるようになっている様子が見えます。このように、この実践で目指され、実現された「図形の見方をひろげる」ことは、「かたち」から「図形」への移行の流れに沿ったものとなっています。

　それだけに、「ぴったりパズル」に見られる学習活動のデザイン原理は、3年の三角形や4年の四角形の学習にも生かされうるものです。また算数の学習前に生活経験などで知っているインフォーマルな知識を算数的なフォーマルな知識に発達させていくという、より一般的な原理にも今回の実践が適っていると見るならば、そのデザイン原理は算数の多くの単元にも生かすことができると考えられます。

　最後に直角が4つくっつくと「きれいに」はまって「気持ちがいい」との感想にも着目したいと思います。附属小学校は「感性」がはたらくことを大切にする教育活動も展開していましたが、この感想は感性の働きもまた算数の学習を支える大切な側面であることを示しています。

# 実践教科活動〈④実践理科〉
# 5年「溶け方のかがく」
## ―質量保存の視点から見つめ直す

### 「問い」が立ちあがる子ども

いろいろな道具で試してみたけど、ペットボトルが一番使いやすかったです。発泡入浴剤をペットボトルの中で溶かして、すぐにふたをしました。しばらくすると、ペットボトルがパンパンに膨らんでいました。ペットボトルのふたをしたままの時と、ふたを外した後の重さを比べると、1g以上は減っていました。ふたを開ける時に何かが出ていったんだと思いました。食塩や砂糖（三温糖）とは、見た目以上に溶け方が違うことに感動しました。

（「溶け方のかがく」子どものノート記述より）

## ▶活動設定の意図

1学期、「ふりこのかがく」の活動において、「振り子の1往復する時間は、振り子の重さが重い方が短くなる」と考える子どもがいました。しかし、検証実験を行った結果、その仮説は否定されました。「あれ？何で！？」と、思わずつぶやいた子どもは、重さの違う2つのものを持ち上げたり、床に落としたりしながら、実験結果の原因を自分なりに探っていきました。「何でだろう」という疑問が、子どもの探究の原動力となったのです。このように、理科においては予想や仮説に反する意外な事実との出あいによって、子どもは真実を求め、自ら歩み始めるのです。

そこで着目したのが、水に対する物質の溶解です。自然界に純水はほぼ存在しません。それは水が多様なものを溶かす性質がある溶媒だからです。だからこそ、水に対

する溶け方も物質によって様々であり、意外な溶け方の事実に子どもが出あったとき、探究の原動力となる疑問が生まれると考えました。子どもが、実験を通して出あう意外な事実の原因を探る方法を、自らの手を動かし試行を重ねながら考え、つくり出すことで、体験と思考を連続させる姿を思い描き、「溶け方のかがく」の活動を構想したのです。

## ▶対象を設定する

　本活動では、水に対する物質の溶け方を対象とします。ここで言う溶け方とは、溶ける様子や色といった感覚的な事実、水の温度と溶ける量の関係といった定量的な事実、物質が水に溶解する前後では質量は変化しないという質量保存といった普遍的な事実を指します。これらの視点で水に対する物質の溶け方を見つめると、感覚的な事実や定量的な事実は、水に溶かす物質によって変化します。一方で、質量保存は水に溶かす物質が何であっても成り立つ事実です。つまり、対象の多様性と共通性を子どもが体験を通して探究できることが、本活動における対象のもつ価値であると考えます。この対象の価値に迫る物質として、食塩、三温糖、ミョウバン、発泡入浴剤の4種類を中心に扱うこととしました。

## ▶活動のねらいを定める

　上に示した4種類の物質の水に対する溶け方は、匂いや色といった感覚的な事実に加え、水温に対する溶ける量といった定量的な事実にも多様性が表れます。そこで、実験結果を物質ごとに比較することで、子どもが溶け方を相対的にとらえる姿を思い描きました。さらに、仲間の考えを自分の考えに照らし合わせて思考することで、多くの人が納得できる客観的な視点で自分の考えをつくることが5年生として重要であると考え、活動のねらいを次のように設定しました。

> 　様々な物質を水に溶かす活動を通して、実験結果をもとに物質ごとの溶け方を比較して考察したり、仲間の考えからより妥当性のある考察につくり変えたりしながら、物質が水に溶ける現象に対する見方・考え方をひろげる。

## ▶子どもが出合う矛盾や対立を思い描く

### ①定量的な視点で対象の多様性を実感できるようにする

　食塩はその他の3種とは異なり、水の温度を高くしても溶ける量に大きな変化はありません。一方で、ミョウバンは水の温度を高めると飛躍的に溶ける量が増大します。同体積の水に対する両者の溶ける量は、水温50℃付近で逆転してしまいます。

また、三温糖は常温の水でも水の量に対して約2倍もの量が溶け、かなり粘り気のある水溶液となります。このような事実は子どもの予想や仮説とのズレを生じさせると考えます。子どもは、予想や仮説と照らし合わせながら実験結果をもとに物質ごとの溶け方を比較して考察することを通して、対象の多様性を実感し、物質が水に溶ける現象に対する見方・考え方をひろげていくのです。

### ②対象の共通性である質量保存に着眼させる

　溶解における質量保存は、子どもにとってイメージしやすい普遍的な事実です。溶解の前後で重さを比較するという実験方法も、正確性が求められますが明快です。しかし、化学変化を伴う溶解には実験方法に工夫が必要です。発泡入浴剤の溶解には化学変化による気体の発生が伴うため、体積変化の少ない密閉容器内等で実験しないと質量保存に基づいた正確な実験結果は得られません。子どもは、質量保存を軸にして実験結果を自分なりに考察したり、考察の妥当性を検証するための新たな実験方法に取り組んだりしながら、対象の共通性を確かにしていきます。

## ▶活動の実際 ── 発泡入浴剤の溶解と質量保存 ──

### ①質量保存を確かにとらえ、意外な事実と出あう

　子どもは、物質が水に溶ける量に限界があるのかを探る中で、三温糖が50mLの水に100g程が溶けた事実に驚くと共に、その水溶液の体積や質量が水だけの時に比べて明らかに増加していることに気付きました。子どもは、水溶液の重さは水と溶質の重さの足し算なのか、つまり、水に溶かす前後で質量の変化があるかどうかに興味をもち、物質ごとに調べることにしました。

　早速、食塩を50mLの水に溶かす前後で重さを量りました。電子天秤は0.1gスケールのものを使用したため、わずかな操作ミスが数値として表れてしまいます。しかし子どもは、ミョウバン、三温糖と同じ実験を続けていくことで、かき混ぜるガラス棒やビーカーの側面についた水滴にまで気を遣い、精度の高い実験結果と確かな技能を獲得していきました。それと同時に、溶解の前後で質量は変わらないという質量保存のとらえも確かにしていったのです。

そして発泡入浴剤での実験です。ビーカーに入れた50mLの水に10gの発泡入浴剤を溶かした前後における重さを比較すると、約2gが減少するという事実に子どもは出あいました。

「あれ？減ってる……」
「おかしいな。ちゃんと薬包紙の重さも測った？」
「少し（発泡入浴剤を）こぼしちゃったんだよ。失敗だ、もう1回やってみよう。」

　溶解における質量保存を3つの物質での定量的な実験で確かにしてきた子どもは、この実験結果に疑問をもち、実験操作に対する自信が揺らいだのです。実験の過程に粉末をこぼすなどの何らかのミスがあったのではないかと考え、どのグループも同じ実験を慎重に2回、または3回繰り返しました。にもかかわらず、いずれも2g程度の減少が実験結果として得られたことから、子どもは実験操作ミス以外の原因を考え始めました。

**②考察を基に新たな実験方法を考え、発生する気体の存在をとらえる**

　全体で実験結果を交流し、9つ全てのグループで2g前後の重さが減少したことを確認しました。質量保存を疑う子どもも現れる中、質量保存は溶解において普遍的な事実であるとのとらえから、子どもはそれを軸にして原因を考えます。その中で、「発泡入浴剤が水に溶けた時に泡がたくさん発生して、水が周りに飛び散ったから重さが減った」と話す子どもがいました。これは、水と反応しながら激しく炭酸ガスが発生する発泡入浴剤の溶け方の特徴に着目した考察です。50mLの水に対して10gの発泡入浴剤で発生する気泡は消えにくく、ビーカーの高さの半分以上にまで気泡が達したのです。そこで、「もし、飛び散ったことが（重さが減少した）原因ならば、どうやって実験すればいいですか」と問うと、「ビーカーにラップをする」という意見が出たことから、ラップをはじめとして教師があらかじめ用意した物を提示しました。その他には、輪ゴム、ビニール袋、ペットボトルと蓋、キッチンクリップ、ドレッシングボトル（キャップが簡単に外れるもの）、三角フラスコです。これらは、「発生した気体が拡散したことで軽くなった」と子どもが考えた場合、再実験で使うことが想定される道具として用意したものですが、水が飛び散ることを防ぎながらも、気体の発生に着眼する子どもの姿を思い描いて提示しました。

　子どもは、「発泡によって水が周囲に飛び散った」という考察をもとに新たな実験方法を考え、取り組み始めました。ビーカーにラップをして輪ゴムでとめて実験するグループ、ペットボトルをビニール袋で包んで実験するグループ、ラップに加えアルミホイルや丸底フラスコを使うグループなど、子どもが考えて取り組んだ実験方法は多様でした。いずれにおいても、ビーカーのラップが膨らんだり、容器の内圧が高く

なったりすることに気付き、発泡入浴剤の溶解に伴って発生する気体の存在を確かにとらえていったのです。

　美香さんのグループは、ペットボトルの中で水が周りに飛び散らないように蓋を閉めて溶かしました。「容器が堅くなってる！」と、容器内の圧力の変化に気付いて、慌てて蓋を開けました。「プシュッ」という大きな音を聞いた同じグループの健太さんは、「コーラを開けた時に似てるよ。炭酸ガスだ！もう1回やってみよう！」と興奮気味に話します。実験を繰り返すことで生活経験と結び付けて、発生する気体（炭酸ガス）の存在を確かにしていったのです。そして、ペットボトルの蓋を開けた瞬間に逃げた気体が、重さが減少した原因ではないかと考え、蓋を開ける前後で重さを測ることにしました。1.2gが減少したことを確認した美香さんたちは、発生した気体の重さに着目していました。それは、発生する気体が空気中に拡散していくことまでを発泡入浴剤の溶け方としてとらえ、物質が水に溶ける現象に対する見方・考え方をひろげる姿でした。

　多様な方法による再実験の結果は、どのグループとも最初の実験に比べて減少幅が小さくなりました。子どもが、意外な事実との出あいから、その原因を探るべく自ら行為を変容させていく過程には、体験をもとにして発泡入浴剤の溶け方のとらえを試行錯誤しながらひろげていく子どもの営みがあったのです。

### ③体験と思考の連続の中で見方・考え方をひろげる

　その後も子どもの探究は続きます。ペットボトルの蓋の代わりにビニール袋を口に被せるグループがありました。この方法であれば反応前から密閉できるため、より正確な実験結果が得られると考えたのです。しかし、何度やっても反応の前後で1g程度の重さの減少が見られてしまうのです。これは、ビニール袋部分の体積の変化により浮力が生じること（アルキメデスの原理）が原因です。このグループの実験結果をクラス全体で共有すると、子どもはその原因を真剣に考えたり、追実験に取り組んだりし始めました。

　このように、体験と思考を連続させる過程で自分の考えをつくる子どもと、そんな子どもの姿を思い描いて活動をつくり、つくり変え続ける教師とが調和しながら実践理科の活動はつくられていきます。子どもの思いや願いを基とした柔軟な発想による体験と思考の連続の中に、自然事象に対する見方・考え方をひろげる子どもの多様な学びがあるのです。

（岡田啓吾）

column

# 「溶け方のかがく」の実践から

研究協力者　上越教育大学准教授　渡辺径子

　授業開始前、理科室入り口から勢いよく入って来た子どもらは、各々に棚や引き出しから、メスシリンダー、ビーカー、薬さじ、薬包紙、駒込ピペット、撹拌棒、電子天秤を取り出して机上に並べる。そして準備したメスシリンダーと駒込ピペットを使って50mLの水を計りとりビーカーに入れ、眉毛を上下させながら今か今かと授業が始まるのを待っている。これから始まる理科の時間に自分は何をするのか子ども自身が明快に自覚しているのである。これこそ「問い」が立ちあがり、「問い」の真っただ中にいて「問い」を問うている子どもの具体の姿として私は捉えた。

　三温糖が水50mL常温に溶ける限界を探る場面では、三温糖が水にどんどん溶けていく状況の中、電子天秤を使って三温糖を繰り返し何度も正確に計りとることが求められた。繰り返しの活動は倦怠につながりやすいが、この活動はそうはならず、子どもに手早く正確に計りとる技能を高めた。限界がないようにどんどん溶けていく三温糖、その事実に遭遇し溶かすことに夢中になっている子ども。これまでの子どもの中にあった「問い」に、新たなうねりが加わり、さらに大きく翻った「問い」が子どもの瞳をよりいっそう大きくし輝かせた。子どもが家庭に帰れば必ずあるであろう砂糖（三温糖）であるが、それほどの量を溶かすことを容易に許す保護者はきっといないであろう。それを理科の実験という大義名分のもと、堂々とできるのであるから楽しくてしょうがない。「どこまで溶けるんだろう？」夢中で追究していた。

　質量保存の法則既習後、発泡入浴剤10gを水50mL常温に溶かした実験で、2gの質量の減少の事実に出あった場面では、「おかしい……」と言いながら、何度も実験をやり直す子どもの姿があった。ここでは大きく翻った「問い」は子どもの瞳に困惑の色を落とした。新学習指導要領に示される理科の「質的・実体的」という見方・考え方を生かして設計された「溶け方のかがく」は、2gの減少を「おかしい」と考え、その原因を追究する子どもの姿を導いた。空気を実体的な物質として捉え、空気にも重さがあることを子ども自らで実証したのである。理科という教科が求める子どもの姿である。

　レイチェル・カーソンはその著書「センス・オブ・ワンダー」に次のように記す。「生まれつきそなわっている子どもの『センス・オブ・ワンダー（自然の不思議さや神秘さに目を見張る感性）』をいつも新鮮にたもちつづけるためには、わたしたちが住んでいる世界のよろこび、感激、神秘などを子どもといっしょに再発見し、感動を分かち合ってくれる大人が、すくなくともひとり、そばにいる必要があります。」まさにその大人こそが岡田教諭であり、子どもらの「センス・オブ・ワンダー」を信じながら臨機応変にデザインされ続けていった実践であった。

# 02 実践教科活動〈⑤実践音楽科〉 6年「サウンドロゴ8」 ─8拍に込めた私の思い

### 「問い」が立ちあがる子ども

　音楽を「つくる」とは、自分の心の中を表すことだと思います。たった8拍だけど、歌詞を考え、メロディをつくり、伴奏を加え、納得いくまでつくりました。伝えたいことを8拍に込めました。だから、普通の曲を聴くのとは違う嬉しさがあります。自分がつくった音楽を聴きながら「ここはこだわったんだよね」「ここは大変だったな」と、思うことがたくさんあります。

　サウンドロゴをほんの少し意識して聴くと、そこにつまっている工夫を見つけられて、音楽と私との距離が近くなりました。

（「サウンドロゴ8」子どもの作文シート記述より）

## ▶活動設定の意図

　音楽づくりは、感性や創造性をはたらかせ、思いや意図をもちながら音や音楽をつくる活動です。国立教育政策研究所は「具体的な指導法や活動における子どもの姿をイメージしにくいため、指導が難しい内容となっており、授業が必ずしも効果的に行われていない」と指摘しており、「音楽づくり」の活動の効果的な展開や充実が求められています。

　私たち教師は、子どもが音楽をつくることに対して必然性や楽しさを感じ、思いや意図をもって活動することを願います。また、工夫して音楽をつくるプロセスを経て、自身がつくった音楽を見つめることは、その音楽の意味や価値をとらえることにつながると考えます。そこで、音楽づくりの活動の対象として、サウンドロゴに着目しました。子どもにとって身近であると共に、音楽を形づくっている要素を手掛かり

としながら、思いや願いが湧き上がる活動が具現できると考えたからです。短い音楽を試行錯誤しながらつくることは、感覚的そして音楽的に思考してつくる姿につながると考えます。子どもが生活の中にある音楽をとらえたり、音楽をつくったりするプロセスの中で、音楽の見方をひろげる子どもの姿を思い描き、また、子どもが音楽的な思考や工夫をすることができる無理のない長さを8拍と判断し、「サウンドロゴ8」の活動を構想しました。

## ▶対象を設定する

　サウンドロゴとは、企業や商品のイメージを表した音楽です。短い言葉を旋律に乗せた、印象に残りやすい音楽になっています。サウンドロゴは、私たちの生活の中にあふれていますが、意識して聴いてみると、数秒の音楽でも言葉や旋律、音色などの音楽を形づくっている要素のはたらきから、印象に残りやすい音楽になっていることがわかります。本活動では、子どもにとって身近な音楽であることや、音楽的な視点や自分の価値観で音楽をとらえたり、つくったりすることができると踏まえ、サウンドロゴを対象として設定しました。

## ▶活動のねらいを定める

　第6学年の音楽づくりでは、音楽のよさを感覚的にとらえることを大切にしながら、旋律、音の重なり、繰り返しなど、複数の視点から包括的に音楽をとらえることで、自分の音楽の見方をひろげていく姿を期待します。

　第6学年の子どもの姿から、いつかどこかのだれかに聴いてもらった時、印象に残る音楽になっているかという視点で、歌ったり聴き合ったりします。そして、互いのサウンドロゴのよさを感じ取りながら、音楽的な感性を豊かにしていってほしいと考え、ねらいを以下のように設定しました。

> 　8拍のサウンドロゴをつくる活動を通して、様々なサウンドロゴを聴いたり、仲間と印象に残る音楽の特徴について考えたりしながら、音楽の見方をひろげる。

## ▶子どもから湧き上がる思いや願いを思い描く

### ①生活の中にあるサウンドロゴを音楽的にとらえるようにする

　子どもは日々の生活において、テレビや店内放送などで流れているサウンドロゴを耳にしています。サウンドロゴを改めて聴くと、旋律、速度、音色、繰り返しなど、音楽を形づくっている要素や仕組みを知覚し、そこから醸し出される雰囲気やイメージを感じます。子どもは、既存のサウンドロゴとかかわる中で、それぞれのよさやお

もしろさを感じ、音楽的にサウンドロゴをとらえます。そして、音楽を形づくっている要素と仕組みを生かして、自分のイメージに合ったサウンドロゴをつくろうとするのです。

### ②音楽制作ソフトウェアや自分で選んだ楽器を用意する

同じ旋律でも、音色や速度が変わるだけで印象は異なります。本実践では、子どもの演奏技能や記譜力に左右されない音楽づくりを可能にするために、音楽制作ソフトウェア「Song Maker」（https://musiclab.chromeexperiments.com/Song-Maker/）を用意します。また、自分の選んだ楽器でもサウンドロゴをつくります。子どもは、音色、速度などの視点から、サウンドロゴをつくり、つくり変えていきます。また、和音やリズム伴奏を追加するなどして、表現の可能性をひろげます。

## ▶活動の実際

### ①生活の中にあるサウンドロゴを音楽的にとらえ、思いや願いを膨らませる

CMで流れているサウンドロゴを聴いたり歌ったりして楽しみました。そして、その中からお気に入りを一つ選び、その理由をリズムや音の高さ、音色、言葉などの視点から音楽的にとらえました。子どもは「付点を使ったリズムが楽しそう」「音が上がると気分も上がる」「ハモっているときれい」など、音楽的にとらえながら、それぞれのよさを見いだしていきました。子どもはサウンドロゴを聴き分析しながら、わずか数秒の中にある美しさや面白さを直感的にとらえたり、音楽の要素に着目したりして音楽的にとらえていきました。そして、自分もサウンドロゴをつくってみたいという思いや

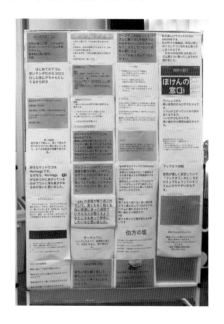

願いを膨らませていきました。そこで、自校のよさを実感している子どもに、附属小のサウンドロゴをテーマにつくることを提案しました。子どもは、「楽しい感じにしたい」「わくわく感がでるようにしたい」など、子どもは自身のもつ附属小のイメージを形にするため、8拍のサウンドロゴづくりをスタートさせました。

### ②旋律に込められた思いや意図の共有からよりよい音楽へ

「Song Maker」を使い、譜面を8拍に設定し、リズムや音の高さがどう動いているのかを視覚的にとらえながら旋律をつくります。旋律づくりが進んだ段階で、3人

の仲間がつくった旋律を紹介しました。それぞれのよさを実感し、新たな視点からよりよい音楽へつなげることができると考えたからです。子どもに紹介した作品は次の3つです。

### Ⓐ小さい「つ」を意識したリズムに変えた表現

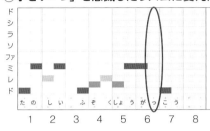

♫♫のリズムだと「しょうがこう」になっていた。だから「しょうがっこう」と歌えるよう休符を入れて♫♪ㄱ♪というリズムに変え、歌いやすくした。

### Ⓑ大切な言葉と音の高さを工夫した表現

「ニコニコ」という言葉を自分のサウンドロゴにも入れました。気分がよい感じにしたかったから、音の高さをだんだん上げました。

### Ⓒ繰り返しのリズムと音の高さを工夫した表現

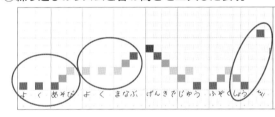

「チョコモナカ」のサウンドロゴのようにリズムを2回繰り返しました。最後の音だけ音を上げると、楽しさがでるから、1オクターブ音の高さを上げました。

目で見ることも、残すこともできない旋律が可視化され、旋律に込められた思いや意図が共有されました。実際にその旋律を聴き「休符を入れただけで歌いやすい」「音の高さで印象が変わる」と仲間の旋律のよさを実感しました。旋律をつくったもの、満足していない清哉さんや悠斗さんは、自分とは異なる新たな表現と出あい、そのよさを自分の旋律に照らし合わせ、自分の旋律づくりに生かしてみようと考えました。

### ③こだわってつくるサウンドロゴ

清哉さんは、附属小の心が弾むような活動を表現したいと思い、音の高さが大きく変化する旋律をつくりました。しかし「なんか変。歌いづらい」と、試行錯

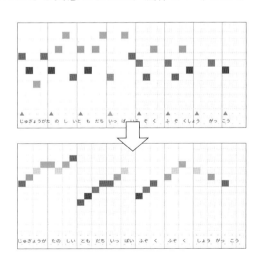

誤していました。清哉さんはⒸの旋律を聴き、音の動きに着目しました。そして、音の高さを大きく変化させることをやめ、隣り合った音に進行する旋律につくり変えました。出来上がった旋律に教師が伴奏をつけると、「この方が附属小のよさが伝わる」と満足する清哉さんの笑顔がありました。

　清哉さんの行為から、単に感覚的に対象にはたらきかけているだけでなく、音の高さや音の動きという視点をもち、繰り返し対象に迫っていることがわかります。「友達の旋律からアイディアをもらいました。気に入った旋律になりました」と振り返るとともに、音楽的な要素のはたらきを実感し、音の高さや音の動きについてのとらえをつくっていました。

　悠斗さんは、明るい感じにしたいと願い、全体的に音を上げて、「ラ」から始まるイ短調の旋律をつくっていました。悠斗さんは短調になっていることに気付かず、「イメージと合わない」と悩んでいます。ⒶⒷⒸの旋律を聴き、最後の音を「ド」（ハ長調の主和音）にすると、まとまりのよい旋律になると感じました。そして、最初と最後の音が「ド」で始まる調に移調させたのです。すると「音は下げたけど、明るくなる」と、何度も聴き比べ、最終的にハ長調の旋律につくり変えました。振り返りでは「音高を考えて長調にしました。もう迷っていません！」と書きました。悠斗さんは、音の高さだけではなく、長調と短調についてのとらえをつくり始めました。

#### ④音楽づくりは個別的な探究

　この後も活動は続き、子どもは好きな楽器で演奏したり、伴奏を追加したり、仲間と歌声を重ねたりと、こだわりのサウンドロゴをつくりました。実際に歌い演奏することで、「リズム」「旋律」「音色」という音楽概念を知識としてつくり、それを生かそうと創造性を発揮しながら音楽をつくりました。新たなものを生みだせた満足感が子どもの振り返りシートの記述から伝わってきます。音楽づくりに正解はありませんが、「よいものはよい」という感覚がはたらきます。それと同時に、なぜよいのか音楽的に着目してとらえる中で、子どもは音楽の見方をひろげていくのです。

　自分の願う音楽表現の具現に向けて、試しながらつくる中で、繰り返し対象にはたらきかけたり、逆に対象からはたらきかけられて表現のよさや面白さを感じ取ったりしました。本活動を見ると個別的な探究が介在しています。「音の高さを吟味したい」「楽器の音を比べてよい音色を見つけたい」「伴奏もつけたい」と子どもの姿は様々でした。これらの姿は、こうすれば子どもの「問い」が立ちあがる教育活動を実現できるといった単線的なものではないということを、私に教えてくれています。子どもの「問い」が立ちあがる姿は一人一人違い、尊いものなのです。　　　　（渡辺奈穂子）

# どのように学ぶのかの明確化

研究協力者　上越教育大学准教授　尾﨑祐司

　音楽科に「つくる」活動が導入されたのは、1989（平成元）年告示の小学校学習指導要領に遡る。当時は「音楽をつくって表現できるようにする」と設定され、子どもの創造力が養われる効果を期待された。この期待の背景は、教師の価値観による演奏方法の指示を子どもが忠実に反映できるか、すなわち「刺激と反応」による授業観からの転換にあった。しかし、子どもがつくった「作品」は、そのモチーフ、モチーフから抱いたイメージ、そしてイメージを音や音楽で表現したときの統一感に乏しく、演奏が何を意味しているのか共感に至らない、評価の観点をどう設定するのか、などといった実践上の課題が明るみになった。「音楽づくり」の意義が見直されたのは、2008年告示の小学校学習指導要領での学力観に「思考力・判断力・表現力」が規定され、「作品」をつくるプロセスが着目された際であった。

　今年度から完全実施された2017年告示の小学校学習指導要領では、さらに「学びに向かう力、人間性等」が、「思考力、判断力、表現力等」とともに育成すべき資質・能力の一つとして設定された。音楽科の学習において「学びに向かう力、人間性等」は、子どもが自分ごととして捉えられる教材の設定によって「どのように学ぶか」といった思考・判断・表現の過程がより深まると教師に気付かせた。例えば、子どもが自身の経験をモチーフに「こういった音色で表現したい！」との思いを抱き、旋律や音高、そして音色などの変化を考えられるようになるには、生活とのつながりに気付くことによって何についてどう考えなければならないか明確になり、学びがより深まるということである。

　今回の渡辺教諭の実践は、計画時から単に作品をつくるだけではなく、子どもが自分の生活とのつながりをどうすれば意識できるか、という教材設定の模索から始まっている。まず、渡辺教諭が設定した方法は子どもの音楽的な思考活動を支えるツールとして、iPadでのSong Makerの活用であった。そして、附属小学校を印象付けるサウンドロゴをつくる、という子どもの何気ない学校生活からモチーフを導く題材設定である。もちろん、Song Makerを活用する先行実践は他にもあると考えられる。しかし、Song Makerの視知覚に訴える機能を活用して子どもがどのように学ぶのか、というプロセスを明確にした実践は見当たらない。例えば、音符ではなく□によるマトリックス譜で音価（音の長さ、高低など）を決められること、作成した作品の音をコンピュータの音源で個々人が試聴できること、そしてデータとして教師が収集しクラス全体で繰り返し試聴し、批評しあえるなどといった新たな学び方である。実際に参観した授業では、たった半拍の休符の有無で雰囲気が変わることに感動するなど、iPadの画面上でのちょっとした試行錯誤が子どもに楽しさの実感をもたらし、その実感が創作意欲につながっていると思える姿を参観できた。

# 02 実践教科活動〈⑥実践図画工作科〉
# 4年「こわしてつくる」
## ──こわすことから、つくりはじめる

**「問い」が立ちあがる子ども**

　最初は、こわした植木鉢を直そうとしていたんです。でも、本当はパーツが足りなくて。でも、その足りない部分のあなを見ていたら、イメージが浮かんできたんです。未確認生物をおりに閉じ込めるというアイディアです。これ（未確認生物）が、穴の部分のおりをこわして、こわした部分を自分の体にしちゃって、それで、これが出てきて……。

（「こわしてつくる」製作中のインタビューより）

## ▶活動設定の意図

　「すべての創造は破壊から始まる」とパブロ・ピカソが言葉を残したように、人はよりよい社会や文化を形成するために、破壊と創造と繰り返してきました。

　人為的ではなくても、東日本大震災や新型コロナウイルス感染症等の予期せぬ出来事により、社会のシステムやこれまでの常識が破壊され、新しい考え方や新しい社会の創造を余儀なくされている困難な現状もあります。子どもは、今後もよくも悪くも、破壊と創造を繰り返す時代を生き抜いていくこととなるでしょう。

　しかし、成功体験を優先させるという考えから破壊やこわすことを教育活動に取り入れることには消極的な現状といえます。子どもは、これまでも、つくり出す喜びを感じながら造形活動を繰りひろげてきました。しかし、どの造形活動においても破壊の上に創造が成り立っているという意識はほとんどありません。

本活動では、これまでの常識を覆し、あえてこわす行為を活動に取り入れることで、困難な状況においてもつくりだす喜びを自ら見付け、こわすこと、つくることの意味をひろげていくと考え、「こわしてつくる」の活動を構想したのです。

## ▶対象を設定する

　本活動の対象は、こわした植木鉢の破片です。素焼きの植木鉢は、身近なものであり用途もはっきりしている既成の作品であることから、つくり変えた時の意外性が大きいというよさがあります。

　こわし方によって、植木鉢の破片は様々な形を呈し、子どもの創作意欲を高めます。また、割れても安全性が確保できるという素材のよさから対象に設定しました。

## ▶活動のねらいを定める

　4年生の子どもは、物事を客観的、論理的にとらえはじめる時期であり、ともすると表現しているものが実物と「似ている－似ていない」とか、他人の作品と比べて「上手－下手」などという価値に傾倒しがちな時期でもあります。だからこそ、多様な表現、多様な価値に出合いながら、つくること、こわすことの意味をひろげていくことが大切だと考え、ねらいを次のように設定しました。

> 　既成の作品をこわしてつくり変えることを通して、材料の色や形、生まれたイメージを生かしたり、仲間との違いやよさを感じ取ったりしながら、こわすこと、つくることの意味をひろげる。

## ▶子どもが出合う矛盾や対立を思い描く

### ①こわす行為を意図的に取り入れる

　子どもにとって、作品をこわす行為は衝撃的な行為と言えます。意図的にものをこわすことは一見反道徳的であり、こわす前は、躊躇や葛藤、罪悪感を抱き、こわす時は逆に開放感や爽快感を抱くなど、矛盾に満ちた複雑な感情が生まれることが予想されます。そして、こわした破片を使って新たなものを創作していく過程で、こわすこと、つくることの意味をひろげていきます。

### ②多様な価値と出合わせる

　元々は同じ植木鉢だったものが、一人一人違った作品に生まれ変わることから、個性や多様性を認め合えるきっかけとなります。また、植木鉢というはっきりと用途があるものや具象的な表現の価値から、破片を組み合わせたオブジェなどの一見用途がはっきりしないものや抽象的な表現の価値への視野のひろがりが期待できます。

## ▶活動の実際

### ①「こわす」からはじめる「つくる」

最初に「『こわす』ってどんなイメージをもっている？」と子どもに問いかけると、「はかい」「ぶっこわす」「はんざいのにおいがする」など、こわすことに対してよくないイメージが次々とあがりました。

「今日の図工は、この植木鉢をこわすことからはじめます」と告げると「えっー！」「やったー！」など驚きや歓声が響き渡りました。そして、教師が植木鉢を実際にこわす行為を、身を乗り出しながら見ていました。そして、その破片を使って、新たな作品につくり変えていくという見通しをもちました。

一人に一つずつの植木鉢と安全を確保するためのネット袋を手渡し、「自分の考えた好きな方法で、こわしてみよう」と呼びかけました。すると、袋のまま床に落とす子ども、金づちでコツコツと叩いて割る子ども、割れた破片を見ながら意図的な大きさや形に調整する子どもなど、様々なこわす行為が見られました。こわす行為は、ペアで動画撮影を行い、気持ちの変化を想起したり、客観的に振り返ったりできるようにしました。活動後の作文シートには、次のようなことが書かれていました。

> 「いいのかなあ、こわいなあ、かわいそうだなあという気持ちがありました」
> 「なんだか、いけないことをしているようなモヤモヤした気持ちでした」
> 「やっていくうちに、どんどん楽しくなってきました」
> 「こわすのはしんせん。最初のイメージとちがってストレスはっさん」

こわす行為も多様であったように、こわすことに対する感じ方や考え方も子どもによって異なり、こわすことに不安や葛藤を感じたり、快さを感じたりと様々で複雑な気持ちをもったようでした。

### ②色や形、イメージをもとにつくり、つくり変える

こわした植木鉢の破片（材料）をもとに新たなものを創造していく造形活動がスタートしました。教師は、4年生にとって手強い素材でもある素焼きの破片においても、子どもの思いや願いが実現できるよう、グルーガン、テラコッタ粘土、アクリル系絵の具、顔料系マーカーなどの道具を用意しました。

仁さんは、こわすことに対して、あまりよいイメージはもてなかったものの、「こわすなら思いっきり」と決めていて、金づちを大きく振り上げて植木鉢をこわしていた子どもです。

　最初は、どうしていこうか悩みながらじっと破片を見つめていました。その後、植木鉢を復元するかのように破片を組み立て始めました。植木鉢の縁の部分は、釉薬がかかった部分を手掛かりに何とか復元できたのですが、素焼きの部分はなかなか復元できず、ぽっかりと穴が開いてしまった状態です。仁さんは、葛藤しながらまたじっと破片や穴を見つめていました。その時です。仁さんの中に、あるストーリーが浮かんできたのです。

> 　未確認生物をおりに閉じ込めたら、おりをこわして自分の体にしちゃった

　このストーリーが浮かんでから、仁さんの造形行為はどんどん加速していきました。様々な形を生かして破片を組み合わせたり、着色したりしながら、今まで誰も見たことがないような未確認生物を目指してつくりはじめました。きっかけとなった穴の存在が、仁さんを突き動かしたのです。

　真優さんは、破片の曲面を生かしたかわいらしい鳥（オウム）をつくっていました。教師が「どうして、そんないいこと思いついたの？」と尋ねると、

> 　破片の形をみていたら、『いいこと思いついた！そうだオウムにしよう』って思って、色を塗ったんです。

と話し始めました。この真優さんの「見立てる」という造形行為に刺激され、隣にいた朝香さんと海映さんにも、破片の形から「見立てる」という行為や技能が伝播していったのです。朝香さんは、ライオンやキリンをつくり、海映さんは、チョウやリスをつくりました。時には、金づちでさらに破片をこわし、意図的に破片をつくり変える姿もありました。真優さんは、「３人で動物園みたいにしよう」と提案しました。３人の世界は造形的なやり取りによって刺激し合いながら協働的につくられていったのです。

また、製作途中で、相互鑑賞の時
間を設けました。仲間の作品を見て
感じたことやアドバイスを付箋に書
いて伝え合う活動です。「ツリーが
カラフルできれい」「タワーの形が
かっこいい」「虹を二重にしたら面
白いかも」「植木鉢からこんなのが
できるなんてすごい」など、色や形

に着目したコメントや発想のアドバイスなどのやりとりがされました。このことによ
り、自分の表現に自信がもてたり、新たな発想につながったりして、活動意欲が高ま
りました。

### ③「こわしてつくる」ことで自分をつくる

　朋子さんは、活動後の作文シートに次のように記しました。

> 　私は最初、こわすと聞いて正直よくないことだと思いました。でも、こわしたから
> こそ、この作品ができたんだと思うと、こわしても新しく生まれ変わることはよいこ
> とだと思いました。みんなのつくった作品も、私が思いつかないような作品があって
> すごかったです。

と、こわすことやつくることの意味をひろげる姿がありました。

　材料や仲間に、はたらきかけ、はたらきか
けられる相互作用で生まれる「いいこと思い
ついた！」が、つくり、つくり変え、つくり
続ける子どもの原動力となります。本実践で
は、「こわすことから、つくりはじめる」と
いう困難な状況であっても、きっかけとなる
破片の色や形、イメージから生まれた「いい
こと思いついた！」により、新しいものをつくりだしていきました。そして、自分の
思いや願いを実現していく過程で、見立てる、組み合わせる、接着する、着色するな
どの自分なりの創造的な技能をつくると同時に、滲み出る自分らしさを肯定的にとら
えるようになりました。このような姿は、作品をつくりながら、自分をつくっている
姿に他なりません。

　このように子どもは、こわすこと、つくることの意味をひろげながら、かけがえの
ない自分をつくっていったのです。

（山之内知行）

# 世界はこわしてつくるでできている

研究協力者　上越教育大学教授　松本健義

　既存の意味や働きをもつ道具を壊して異なる意味や働きをもつ道具や記号を生み出すことが本活動「こわしてつくる」である。植木鉢の破片のかたちやつないだかたちから触発されて、「破片」（もの）から「イメージ」（こと）へとアナロジカルに移行することで、その兆しや裂開に驚きや感動をもって出合い、さらに断片を集めて組み替えて一貫した表現へと意味世界を現象させ経験することである。これは同時に、見方、感じ方、表し方、ふるまい方を新たに生み出し成り立たせていく過程でもある。この方法は、乳幼児からアーティストまで通底する造形的表現の本質的あり方である。図画工作科では、「造形遊び」の名称で昭和52年学習指導要領より、学習者の視点にたつ新しい時代の学びとして導入され、「共通事項」とともに現行の学習指導要領の基軸を構成している。本活動は「造形遊び」の学びが子どもの行為に発現することを意図して活動がデザインされている。事例として、仁さんが壊れた植木鉢を元の形に戻そうと接合し、残った破片と穴の形から未確認生物が現れ出し、仁さんの意味世界を生みだし成りたたせた姿がこれにあたる。

　また、造形活動は、社会的行為を行使する個人や集団の能力を発揮させる働きをもつ道具（記号やイメージ）の創造でもある。記号やイメージは、人間にとって「なかば物であり、なかば精神でもある」（コール、M.『文化心理学』2002）。また、人や社会と結びついて欲望や目的を実現する言葉となる。記号やイメージは人と環境との関係を媒介し、人間や社会の見方、考え方、表し方、ふるまい方を制約したり固定化したりもする。本活動でこわすことは植木鉢の道具性を破壊することでつながりと制約を解体して流動化し、破片がつくるかたちと知覚経験（身体）の循環へ焦点化することを可能としている。これは、ものとものとの関係をつくり、つくり変える過程で、私がつくり変わる事態をさしている。循環的で力動的な関係と過程は、友だちとのあいだにも開かれている。破片のかたちをみていたら「そうだオウムにしよう」という思いが真優さんに立ち上がる過程である。破片の向こうにオウムが重なって見えてきたとき、破片への知覚が組み変わる。破片がオウムを指し示す記号になると、他の断片も網や草むらを指し示す記号へと質的に転換してつくり変わり、イメージのつながりが動物園の世界を生成している。さらにイメージの側から破片を見つけたり、形を変えたりして記号をつくり世界を拡張させている。自在な表現行為の在り方へ行為も生成変化している。二つの事例は普遍的でありながらその子のかけがえのなさを有している。

　人間と世界は、皮膚の外側も内側も言葉や記号やイメージの言語システムをなしている。人間の身体も精神もそのシステムの一部であり、人と記号と世界との関係が、AIにより自動化した時、人は現実に対して感じなくなり、驚かなくなり、疑念をもたなくなり、考えなくなり、学ばなくなるだろう。この覚めない眠りから目覚める方法は、「つくり、つくり変え、つくり続ける」実践図画工作科の学びの終わりのない探究を体得することである。

# 02 実践教科活動〈⑦実践家庭科〉 6年「わが家の防災生活」 —日々のことが重要

## 「問い」が立ちあがる子ども

　今まで私は、災害に備えて食料を常備しておくだけでよいと思いこんでいました。だけど、どんどん活動していくと、衣類やライト、食料は食べる物だけでなく、食べる際に使うラップやビニール袋、紙皿なども必要だと思いました。災害時は水を大事に使わなければいけないということを学び、これは災害時だけじゃなく、普段も貴重に使わなければいけないと思いました。さらに、「助け合い」も大事だと感じました。近所の人とのかかわり、これは本当に大事です。これは私が一番考えていなかったことでした。

（「わが家の防災生活」子どもの作文シートより）

## ▶活動設定の意図

　実践家庭科では、よりよい生活を追求しながら、子ども一人一人が自分の生活観をつくることを大切にしています。「人とのつながりを大事にしたい」「住み慣れた所で安心して暮らしたい」など、生活において大事にしたい価値は人それぞれ、家庭によっても様々です。ゆえに、実践家庭科では生活の営みを、人や衣食住、環境など、生活の構成要素に着目しながら見つめ直す中で、自分は何を大事にどんな生活をしていきたいか、どんな生活をよいと考えるのかについて、子どもが体験しながら思考することを大切にしています。

　しかしながら、日々の生活は身近で当たり前なだけに、子どもは普段立ち止まって考えることなく過ごしています。日々の生活行為に対しても、その行為の意味や価値

に目を向けることはないでしょう。そこで、本活動では災害時の備えの視点から生活を見つめることを大事にしました。そうすることで、普段何気なくしている生活行為の意味や価値、家族や地域の人とのかかわりなど、自らの生活を新たな視点から見つめ直すことを促します。そして、日々の大切さに気付き生活をよりよいものにしようとしたり、生活を見つめ直す中で見いだした問題を解決しようと試行錯誤したりする姿につながると考えました。このような子どもの姿を思い描き「わが家の防災生活」の活動を構想しました。

## ▶対象を設定する

本活動では、災害時を想定した生活事象を対象とします。災害時にはライフラインの寸断や避難所生活など日常生活の基盤が揺るぎます。そのような状況を想定し、災害の備えを考えたり試したりする中で、家族や地域の人、栄養、衛生、食品の選択、食文化、住空間など様々な視点から生活を見つめていきます。生活を断片としてではなくとらえ、家族や地域の人、衣食住、環境など、生活を構成する要素が相互にかかわり合いながら営まれていることに気付くことで、生活を総合的にとらえることができると考えました。また、日常生活と災害時である非日常を切り離して考えるのではなく、日常生活の延長線上だととらえることは、子どもが日々の生活をよりよくしようと追求する姿につながると考えました。これらのことから、本対象を設定しました。

## ▶活動のねらいを定める

6年生の子どもは、様々な情報を手がかりに事象を意味づけたり、価値づけたりしながら、自らの中に判断規準をつくり、対象を大局的にとらえようとします。本活動で子どもは災害への備えを考えたり試したりする中で、生活の営みを総合的にとらえます。その中で、よりよい生活について思考し、生活において自分の大事にしたい価値を見いだす子どもの姿を思い描き、ねらいを設定しました。

> 災害への備えを考えたり試したりする活動を通して、生活の構成要素に着目しながら生活を見つめたり、仲間と生活行為の意味や価値について考えたりしながら、よりよい生活についての自分の考えをつくる。

## ▶子どもから湧き上がる思いや願いを思い描く

### ①過去の災害の体験談やシミュレーション動画と出合わせる

災害を知り、そのときの状況や被害を具体的に想定することができるように大地震

の予測シミュレーション動画（内閣府「防災情報のページ」、以下、動画）を提示します。それに加えて、被災された方々の体験談（以下、体験談）も提示します。子どもは被災者の思いに心を寄せ、自分の生活と重ね合わせながら避難生活を想定するでしょう。そして、そこから感じたことや得た気付きを仲間と共有することで、生活の構成要素に着目しながら生活を見つめ直していきます。

**②非常用持ち出し袋を核とした活動の設定**

　本活動では、活動の出合いとして非常用持ち出し袋の中に入れる物について、これまでの生活経験や知識をもとに考えます。

　活動の過程で、動画や体験談から災害時の状況や避難生活を具体的に想定した子どもは、「他にも必要な物があるのではないか」と非常用持ち出し袋の中に入れる物を考え直すでしょう。それは家族や栄養、快適さなど新たな視点から中に入れる物を見つめ直すことになり、子どもは家族や食物、環境など生活の構成要素に着目しながら考えていきます。また、置き場所や避難時の行動、経路、避難生活を想定した子どもは安全で快適な住空間、人との協力など新たな視点から生活を見つめ直し、安全な住まい方や、家族や地域の人とのかかわりについて考えていきます。このように非常用持ち出し袋を活動の核とすることで、子どもは様々な視点から自身の生活の営みを総合的にとらえていくのです。

## ▶活動の実際

**①非常用持ち出し袋との出合い**

　非常用持ち出し袋に入れる物を考えました。子どもは乾パンや缶詰、水、ラジオ、携帯など思いつくままに考えていきます。その一方で、これまでの生活経験や既有の知識をもとに考えてみたものの「本当にこれで生活できるのかな」「わが家の備えはどうか」など、自分の生活を見つめ始めました。

**②避難生活を想定する中で見つめる生活の営み**

　生活を見つめ始めた子どもの姿をとらえ、動画と体験談を提示しました。それらから災害時の状況や避難生活を具体的に想定した子どもは、人とのかかわりや衣食住、環境など生活を構成する様々な要素に着目しました。子どもは「家族の人数分の食料が必要だ。どのくらいだろう」「大切なのは食料だけじゃない」など、非常用持ち出し袋をもとに生活を見つめ直していきました。

　災害時における人とのかかわりに着目した優さんは「避難所生活で大切なことは、人と仲良くしたり助け合ったりすることだと思います。避難所生活は不安になるものだと思うから、少しでも人に声をかけたり気づかったりすることで不安を減らすこと

になるので大切だと思いました」とシートに記述しました。

### ③自分や家族の安全で快適な住まい方

　非常用持ち出し袋の置き場所に目を向けた子どもは、「玄関は必ず人が通る所だから最適だと思う」「家の玄関は物が多いからスペースがないな」「棚の上に置くと取りづらいし、落ちてきたら危険だ」など、住まい方を見つめ始めました。

　毎日過ごす自分の部屋や居間は安全かどうか、調べてみた利香さんは「よく考えると私の部屋は机の上や棚に物が多く、とても危険だと思いました。普段から掃除をして物を減らしたり、家具を固定したりして対策をしたいです」と振り返りました。晴美さんは「私の部屋は意外に危険なところがたくさんありました。地震が起きたらガラスや花びんが割れて安全でないと思ったので、実際に家具を移動させました。弟や母の部屋も点検して移動させました」と自分や家族の安全や快適さを考えた住空間の整え方について考え、よりよい生活を追求する姿がありました。

### ④避難時における食の問題

　非常用持ち出し袋を持って避難後の生活に目を向けた子どもは、体験談を読み返し「炭水化物ばかりになりがちなこと」「野菜不足になって栄養バランスが偏ること」など食の問題を見いだしました。災害時には食べられさえすればよいと考えていた陽子さんは「～ご飯だけはNG？～ご飯があれば災害時には大丈夫だと思っていました。しかし、資料から炭水化物ばかりの食事が続くと病気の心配があることが分かりました。でも、野菜や果物は防災リュックには入れにくいし、日持ちもしないので、とても難しい問題だと思いました」とシートに記しました。

　そこで、どうしたらこの問題を解決できるのか、みんなで考えました。子どもは野菜ジュースとトマト缶、フルーツ缶、ドライフルーツを用意しておけばよいのではないかと考えました。どれも保存性があり、ビタミンも摂取することができます。しかし、野菜ジュースのペットボトルを非常用持ち出し袋の中に入れて実際に背負ってみると思っていた以上に重く、しかもジュースでは腹持ちがしないことに気付きました。他によい方法はないか考え直してみると、昔からの保存食である乾物の存在に気が付きました。乾物は先人の知恵によって生まれ、現在まで受け継がれてきている食文化です。天日干しするため栄養価も高まります。子どもは、そのような乾物の意味や価値も見いだし、食のとらえをひろげました。その後、陽子さんは家族のことを考え、栄養価が高いことや保存性、調理や持ち運びの手軽さなど様々な角度から食品を見つめて考え

直し、乾物を選びました。また、栄養素には複数の種類があり、健康の保持のために は食品を組み合わせてバランスよく摂る必要があることは災害時でも同じであること に気付きました。これらの気付きを活かして、ライフラインがストップした想定で災 害食を作ってみました。翔太さんは、自分で調理した災害食を食べて「ご飯が冷たく ていつものように食欲がわきませんでした。食事が美味しいと気分がアップして元気 が出るからです。わが家では温かい食事が出てきて美味しい生活が当たり前だと思っ ていたけれど、それは当たり前じゃないと気付きました」と振り返りました。翔太さ んは食事には健康を保つだけでなく、気持ちを豊かにする側面もあることに気付き、 食事の意味や価値を見つめ直したのです。

### ⑤わが家の生活の営みを見つめて

　これまでに活動したことを活かして、非常用持ち出し袋の中に入れる物を見直しま した。栄養や衛生、保存性、持ち運びのしやすさ、家族、食事の役割などこれまでの 活動から得た様々な視点から考え直しました。その中で、備えとして用意した食料 にも賞味期限があることに気付いた修さんは「期限が切れる前に食べてまた買い足す と備えにもなるし、食べ慣れることにもなる。」と日常生活と避難生活をつなげて考 え、よりよい生活についての自分のとらえをひろげる姿がありました。家庭にある非 常用持ち出し袋を持参した優さんは「自分や家族の健康や好みを考えて家の防災袋に 『ラップ』と『フルーツ缶』を付け加えました」と栄養や衛生、家族を視点に考え、 つくり変わった袋の中身について語りました。

　活動の始めから人とのかかわりに着目していた優さんは、活動の過程において思 考し続けていました。そして、活動のまとめでは「私は、災害はいつもとは違う非日 常の出来事だと思っていました。でも、災害時にも日々のことが重要だと思いまし た。災害時に自分だけ助かるのではなく、食料を分け合うなど他の人の命も守りたい です。日頃から人とかかわることであらゆる時に役に立つと思いました。日々、優し

さを大事に近所の人にも声をかけたり、やりとり をしたりすることを増やしたいです」と記しまし た。

　本活動を通して、人とのかかわりについて思考 し続けてきた優さんは、衣食住や人、環境など、 生活を総合的にとらえる中で、災害時の生活は日 常生活の延長線上にあると生活のとらえをひろげ ました。そして、人とのかかわりを軸に生活の営 みを見つめ直し、自分の生活観をつくった姿であ るといえます。　　　　　　　　　（大岩恭子）

# 「わが家の防災生活」の実践について

研究協力者 上越教育大学教授 小高さほみ

　本実践が描いた子どもの姿は、「生活の営みの意味や価値について考える中で自分が生活で大事にしたいことを思考し、よりよい生活についての自分の考えをつくる子ども」です。子どもが協働した活動を辿ってみましょう。

　1次の活動では、大岩教諭は、中越地震後に生まれた子どもたちを、地震の予測シミュレーション動画と東日本大震災の物語と出会わせ、災害時の舞台へと導きます。最初の舞台装置は避難所ですが、その後、大岩教諭は子どもたちと一緒に、自宅や模擬避難生活など想定場面を広げていきます。場面ごとの活動を媒介し、生活の構成要素を包括的にとらえる学習素材が、非常用持ち出し袋です。最初の授業では、子どもたちは非常用持ち出し袋に入れるモノについて、これまでの知識に頼って考えています。しかし、3次の避難の想定場面では、晴美さんは非常用持ち出し袋の置き場所探しから、地震に備える住まい方へと問いが広がり、自宅で家族と一緒に家具の移動を行っています。4次の被災数日後の避難生活場面では、子どもたちは再び体験談から問いを立て、災害時の食の問題を、保存食─乾物という日常生活へ広げ、避難時の食事づくりに没頭します。翔太さんは、その活動の中で、日常生活をとらえ直し、食と感情のつながりに気が付きます。5次の非常用持ち出し袋の見直しの活動では、修さんも優さんも、非日常と日常の二項対立でとらえない生活の実践を語っています。優さんの語りには、生活の営みにおける他者とのかかわりを、優しさという感情を大事に実践しようとする決意─地域の一員になろうとする自分の姿があります。

　このようなストーリーのある本実践は、災害時の舞台に上がった子どもたちが多様な人々と共に活動を創造しています。それは、防災に関する知識やスキルを知る・身に付ける学習ではなく、子どもたちが舞台で自由に活動する相互作用の中で、学習を創造し、新しい自分になっている─新しい学習観を見いだすことができます。例えば、晴美さんが親や年下のきょうだいと協働して「わが家の防災生活」を創造している場は、安全という視点の生活の実践そのものであり、新たな家族の一員の姿があります。また、避難時の食事づくりは、自由で即興的な活動の場となり、統制された教室ではなく、「ごっご遊び」というとらえ方も可能な舞台装置です。その場面での活動で、子どもは仲間と共に新たな生活の営みを実践し、新しい自分になっています。

　本実践の活動は、ヴィゴツキーが提唱する「発達の最近接領域（ZPD）」の場が生じているのです。ZPDのアイデアを拡張したホルツマンは、遊びと活動のパフォーマンスを創造する、そこに子ども自身が発達と学習を創造していると主張しています。本実践が描いた子どもの姿、活動する子どもの姿には、このような新しい学習が生起していることが見えてきます。新たな学習観は、2つの授業研究の場 ── 校内研と研究協力者（市立小学校教諭と筆者）── の往還から具現化した実践の中に立ち現れてきたものです。

〈参考〉
ロイス・ホルツマン：『遊ぶヴィゴツキー』茂呂雄二訳，新曜社，2014.

# 02 実践教科活動〈⑧実践体育科〉 6年「アラウンドベースボール」 —ボールをどこに　ボールをどこで

### 「問い」が立ちあがる子ども

　ゲームで対戦するときに、私が打席に立って、ゴロやフライを打っても、アーモンドチームの守備が堅すぎて、得点があまり入らない。守備と守備のすき間をねらって打っても、相手の一人一人の動きが速いから、全部ボールを捕られてしまう。

（「アラウンドベースボール」子どもの振り返りシートより）

## ▶活動設定の意図

　一昔前までは、子どもの遊びとして多くの人に親しまれていた野球。歴史あるスポーツであり、また日本を代表するスポーツです。しかし、少子化の影響や子どもの遊びの様相の変化などもあり、集団で遊ぶ機会が減っている現代において、野球を経験している子どもは少なく、決して子どもの興味・関心が高いとは言えません。

　一方で、野球経験者はタッチアップ、フォースアウト、盗塁など、野球の複雑なルール、正式なルールを体育科においても試みたいと願います。そこに、ヒッティングとベースランニングの二重構造の難しさや楽しさ、守備との駆け引きも併せながらゲームを展開していくことの楽しさ等を見いだしているからです。体育科の高学年の内容であるボール運動「ベースボール型」を実施するにあたり、両者の思いは大きく異なるものと考えます。

　野球におけるゲーム性を大切にしながら、誰もが楽しめる新たなゲームをつくって

いくことを通して、子どもは、既存のゲームを見つめ直し、新たなゲーム観をつくっていくと考えます。そして、そのゲーム観が野球だけでなく、その他のスポーツや運動、ひいては、遊びの楽しさのとらえをひろげていくことにつながると考え、「アラウンドベースボール」の活動を構想したのです。

## ▶対象を設定する

「ボールが全然飛んでこない」「いつ走ればいいの」「とにかく打って走ればいいよ」これまでの「ベースボール型」の実践から、よく耳にした子どもの言葉です。野球のルールの複雑さは、経験の少ない子どもにとって、負担になることが課題としてありました。野球は、打者、走者、守備の三者がかかわり合い、駆け引きをしながら攻防を繰り返し、得点につながる、または得点を防ぐ動きや考えをつくり、個人で、チームで実践していくことが楽しみになっていきます。

〈アラウンドベースボール ルール〉

・1チーム12名。使用球は、フレンドボール。
・ホームベースと一塁の折り返しによる得点とする。
・ホームベースを中心に、360°をフィールドとする。
・一塁ベースは、ホームベースとの距離を27.4mとし、フィールド上、どこに設置してもよい。（体育館で実施する場合は半分の距離とする）
・全員が打席に立ち、打ち終わったら攻撃終了。
・ピッチャーは下投げ。
・バッティングは手で行う。
・バッティングエリアは円として、円の中で打つこととする。
・守備に、上に上がった打球は、キャッチするか、または手に当てたらアウトとする。

〈アラウンドベースボール コート図〉

●守備
▲バッター
■ピッチャー
バッティングエリア
27.4m
一塁ベース

経験の多少にかかわらず、そんな野球の楽しさを味わってほしいと考えたのです。

本活動では、野球だからこその楽しさやゲーム性を大切にしながら、ゲームを簡易化し、ルールを工夫しました。一般的な野球にとらわれない、新たなゲームに子どもが繰り返しふれていくことで、思い切ったアイデアや工夫を取り入れた動きを自らつくっていく姿を思い描きました。

## ▶活動のねらいを定める

第6学年の子どもの姿からは、「ゲームを繰り返す中で気付いたり、感じたりしたことだけではなく、客観的な事実を基に個人やチームを振り返り、動きをつくり、つくり変えていく姿、思いや願いを膨らませる姿」を期待します。緊迫した攻守の駆け引きを味わい、楽しむことを大事にしながら、集団でつくっていくゲームのおもしろさも視点に加え、ねらいを設定しました。

> アラウンドベースボールのゲームを通して、ベースの位置や相手の動き、自分の動きからヒッティングやベースランニング、守備の動きを考えたり、仲間とチームの動きを見つけたりしながら、得点にかかわる動きをつくる。

## ▶子どもが出合う矛盾や対立を思い描く

### ①ゲーム性を大切にしつつ、当たり前にとらわれないゲームを設定する

　子どもには「ベースボール型」＝「野球」という固定観念があり、そのことが、動きづくりや経験者以外の子どもの活動意欲に影響を与えることがありました。野球のゲーム性は、他のボール運動にはない楽しさを味わわせてくれます。野球のゲーム性を大切にしながら、野球の常識的なルールを見つめ直し、簡易化を図っていくことが、子どもがゲームの中で、自ら動いたり、考えたり、仲間とかかわったりする姿につながっていくのです。

### ②ゲームにおける客観的事実に出合わせる

　運動することが活動の中心である実践体育科において、自分の動きを見つめることは、子どもの学びに、大きな変化を与えます。子どもは、ゲーム中に自分の姿を見ることができません。よって、自分の動きを見たり、自分の動きが想起できるデータを得たりするなど、自分の動きをとらえることができる客観的事実に出合わせることで、子どもは、ゲームにおけるよりよい動きを思い描き、実践していくのです。

## ▶活動の実際

### ①一塁ベースのよりよい位置を見つける

　子どもは、ゲームを行いながら、ピッチャーとバッターの位置と距離、一塁ベースまでの27.4mの距離を実際に感じ、チームでよりよい一塁ベースの位置を模索していきました。

　経験はないものの、メディアなどを通して一度は野球を目にしたことがある子どもは、本来、一塁ベースが置かれている位置、またはピッチャーの後ろなど、打者の前方に一塁ベースを設置しました。しかし、実際にゲームを行っていく中で、前方に飛ぶ打球が多いことを実感していきました。そのことが、ホームベースに還ってくるランナーがアウトになる確率が高いことと結び付けて考えた子どもは、打球が飛ぶ方向と反対方向にベースの位置を変えていきました。そして、3回目のゲームでは、3チームが類似した位置に一塁ベースを固定させていきました（**図1**）。子どもは、アウトになることなく一塁ベースまで行くことができる確率がより高くなることを意識しながら、また、打球の方向や打っ

図1　一塁ベース位置の変化

た後のランニングへの動きのつくりやすさを感じながら、よりよい一塁ベースの位置を見つけていったのです。

　子どもの中にある、野球に対する固定概念は、ゲームを重ね、ゲーム構造を実感する中で薄くなっていくとともに、「アラウンドベースボール」の新たな概念をつくっていきました。

### ②守備から攻撃、攻撃から守備をつくり、つくり変える

　ホームベースを中心に360°がフィールドであることは、子どもがそのフィールドに合った守備位置をつくり出す姿につながっていきました。ゲームにおいて、ゴロの打球が多いことから、打者の周りを取り囲んでしまう「360°作戦」があるチームから発案されました。守備と守備の間のスペースを狭くしてボールを止め、ランナーのホーム生還を防ぐこの守備隊形はとても有効で、相手の得点を防いでいきました。強固な守備の形が生まれたことで、その守備の弱点を見つけようとする子どもの姿が見られました。朋樹さんは、「360°作戦」により前進気味となった守備の頭上を越えていく打球を放ちました。ミニゲームを通して、上に上げる打球はアウトになる可能性が高くなることから、積極的に打つことが少なくなっていたのです。しかし、実際にバッティングエリアに立ち、守備の状況を見て、その場で判断し放った打球が得点につながりました。このバッティングは「360°作戦」を見直す動きへとつながっていきました。

　子どもは、守備と攻撃の関係を見つめながらゲームを繰り返し、攻防の駆け引きを楽しむ中で、個人やチームの動きをつくり、つくり変えていったのです。

### ③客観的データから自分や相手の動きを見つめ直す

　子どもの振り返りの中に、守備に関する記述が増えてきました。

---

・守備を人によって変えるととれる確率があがる。
・後ろはあまりこないので後ろを少なくした。
・後ろの4人が動いていないので考えたい。

---

　守備に注目する姿は、攻守において、より動きづくりを加速させていく機会ととらえ、子どもに、ミニゲームにおける打球分布図（打球種と飛距離、方向を1打席ごとに示す。重ね合わせると全打席のデータが確認できる）を、個人とチーム、個人の一覧のデータにして提示しました（次ページ図2）。香子さんはミニゲーム時から、後ろに打球を飛ばすことが有効だと感じていました。打球分布図を見て、後ろに打球がほとんど飛んでいないことを確認すると、「やっぱりそうだった！」と仲間に伝え、自分の考えを確かにしました。対戦がない時間には、次に対戦する相手チームのメン

バーの打球分布図を読み込みました。「打球が飛んでいるところに行けば、アウトにできる」と自分のチームの守備に生かせればと考えました。香子さんは、自分自身がボール運動を苦手としている現状を受け止めながら、打球分布図から自分にできることを見つ

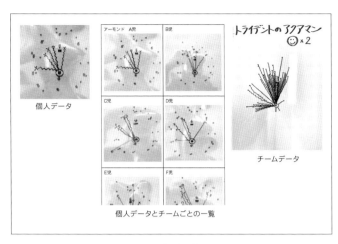

図2　打球分布図

け、ゲームの中で新たな動きを試そうと動き出しました。あるチームの子どもは打球分布図から、一人一人の打球の飛距離に着目し、これまでの打順の変更を提案しました。このチームはこれまでのゲームで、一塁ベースまでは進塁できるものの、ホームに生還するところに難しさを感じていました。打球分布図により可視化された打球の飛距離に着目し、チームの課題と照らし合わせながら、より遠くへ飛ばすことができる人を、一人置きに配置できるよう打順を並べ変えました。隆司さんは、ベンチで自分の打席を待っている間、バッターボックスの後方の守備が減ったことに気付きました。そこで、自分が打席に立つ時に、左利きでありながらバッティングエリアの左側に立ちました。そして、ピッチャーが投げたボールを、体の向きを変えながらそのまま後方へと飛ばしました。自分も一塁ベースを折り返してホームに生還するランニングホームランとなりました。

　子どもに提示した打球分布図は、新たな動きや考えを見つけるだけではなく、子どもがこれまで感覚的にとらえてきたことを確かにしたり、ゲームの中で実践してきた動きと結び付けてその動きを加速させたりと、よりよさを追求する姿につながっていきました。

　子どもは、野球の楽しさにふれながら、「アラウンドベースボール」のゲーム特性に合った動きをつくり、つくり変えたり、攻守におけるアイデアを出したりしていきました。自らつくり実践できる環境の中、子どもは運動やスポーツの楽しさのとらえをひろげているのです。
（二上昌基）

## スポーツのとらえをひろげた子どもたち

研究協力者　上越教育大学教授　榊原　潔

　ボール運動は、勝敗の決め方、得点方法などのルールや競技者の技能に応じて戦法が編み出され、それらの戦法に適した競技者の配置（フォーメーション）が考えられてきた歴史があります[1)2)3)]。1863年頃のサッカーでは、11人の配置は9人のフォワード（FW）と2人のビハインド（バック）でした[4)]。その後、技術・戦術の進歩とルールの改訂により後方の人数が多くなっていきます。1人のゴールキーパー（GK）を除く10人の配置は、後方のディフェンダー（DF）から数えますが、現在では、「4-4-2」「3-5-2」のようにFWの人数が少なくなっています。

　二上主幹教諭が1学期に実践した「ストライプキック」において、第1次では両チームとも、攻めていくゴール前にボールを蹴り入れて得点を狙っていました。児童は横一線になりボールに合わせて攻めたり守ったりするために、前後に動いていました。これは、サッカーの歴史における「キック・アンド・ラッシュ戦法」そのものと言えます。この戦法への対処として、左サイドのFWの1人がGKの前に残る守備の戦法が編み出されます。ゴール前にボールを蹴り入れても、なかなかシュートすることができなくなりました。1人が攻撃に加わらずにGKの前に残った効果ですが、これにより、相手と味方が交互に位置していた横一線に味方が隣り合う場所が生じ、「ショートパス戦法」が現れます。

　これまでの体育授業のサッカーでは、ゲーム開始時には決めたポジションにいても、時間経過と共にボール周辺に集まる光景がよく見られました。動けるエリアが限定されていないとボールに「固まる」ので、パスの有効性に気づかせるのは難しいことでした。「ストライプキック」では、『幅1ｍの自分だけが動ける直線エリア』と『自陣ゴール前で1人だけ横に動けるフリーエリア』があります。この場の設定により、児童に、どうしたら得点できるか、どうしたら失点しないかという「問い」が立ちあがり、「キック・アンド・ラッシュ戦法」とそれに対応する守備、更にその守備に対応する「ショートパス戦法」が発生しました。

　「アラウンドベースボール」では、客観的事実に出合わせることにより、また「ストライプキック」では、自分たちでルールをつくり変えていく中で、児童に「問い」が立ちあがり、ゲームのとらえをひろげていきました。実践体育科の授業を通して、児童は、スポーツ文化の継承者になったと言えるのではないでしょうか。

※「ストライプキック」とは、1学期に二上主幹教諭が実践したゴール型の活動。フィールドを幅1.2ｍ間隔で縦に12エリアに分け、1エリアごとに敵味方交互に配置する。1人だけ自陣ゴール前を横に動くことができる。

〈参考〉
1）牧山圭秀：「バスケットボールの技術史」，岸野雄三・多和健雄編，『スポーツの技術史』，大修館書店，pp.374-400，1972.
2）池田光政：「バレーボールの技術史」，岸野雄三・多和健雄編，『スポーツの技術史』，大修館書店，pp.446-476，1972.
3）多和健雄：「サッカーの技術史」，岸野雄三・多和健雄編，『スポーツの技術史』，大修館書店，pp.478-515，1972.
4）日本サッカー協会／日本サッカーライターズ協議会：「最新サッカー百科大事典」，大修館書店，pp.2-66，2002.

# 02 実践教科活動〈⑨実践外国語科〉 5年「吹き替えOne Scene」 ―このシーンの "Ready?" は どう訳す？

**「問い」が立ちあがる子ども**

「Readyは…『準備ができた』だって」

「あ〜、『行くよ?』みたいな?」

「『準備はいいですか?』とか…」

「ん〜『行くわよっ!』かな…」

「『行くわよ?』じゃない?」

「うん、『行くわよ?』がいいね。だって『準備はいいですか?』なんて、2人は姉妹なんだから、そんなこと言うわけないよね」

（「吹き替えOne Scene」の子どもの会話より）

## ▶活動設定の意図

　外国語科では、活動の中で外国語の語彙や表現に慣れ親しみ、それらを用いて仲間や教師と情報交換したり、自分の思いや考えを伝え合ったりします。例えば、好きなものについて伝え合う活動では、"I like〜" や "Do you like〜?" などの表現に慣れ親しみながら語彙を増やしていきます。多くの子どもは「Do you like〜?＝あなたは〜が好きですか」と覚えるでしょう。しかし、英語も言語である以上、ニュアンスが含まれます。"Do you like 〜?" も、伝える相手や場面が異なれば、そこに込める意味や受け取り方も違ってきます。表現や単語への慣れ親しみに加え、相手との関係や用いる場面の状況によるニュアンスの違いや、言葉の意味の幅に気付いていくことが大切です。私は、子どもが外国語自体への気付きを深め、外国語を生きた言語としてとらえていくことが、外国語教育において重要であると考えています。

　そこで注目したのが映画の翻訳です。本活動では映画の英語版をもとに、子どもがオリジナルの日本語吹き替え映像をつくります。映画の翻訳を対象とすることで、場

面の状況やそれまでのストーリー、登場人物の性格や心情、台詞を言う相手との関係など、言葉の意味だけでなく、非言語の情報をたよりに日本語訳を考えることが必要になります。子どもは日本語吹き替え版映像を制作する中で、英語の台詞を日本語にするにはどんな表現がふさわしいかを考えていきます。多様な翻訳の仕方に気付いたり、日本語と英語との関係を見つめたりしていく中で、子どもが台詞に含まれるニュアンスや意味の幅をとらえていく姿を思い描き、「吹き替えOne Scene」の活動を構想しました。

## ▶対象を設定する

　本活動では様々な映画の英語版の翻訳が対象となります。そこで、どの映画作品のどのシーンを吹き替えるのかが非常に重要となります。作品やシーンを選ぶ際、以下のことに注意しました。①ストーリーが分かりやすいこと②心情表現が豊かであること③慣れ親しんできた単語や表現が多く使われていること④出てくる台詞の長さが適切であることの４つです。これらを考慮し、本活動では、『アナと雪の女王』『トイ・ストーリー』（ウォルト・ディズニー・ジャパン）『ハリー・ポッター』（ワーナー・ホーム・ビデオ）の３作品を吹き替えることにしました。ディズニーの作品は、ストーリーが分かりやすく、表情やジェスチャーも豊かであるため、子どもが登場人物の心情をつかみやすいというよさがあります。また、「ハリー・ポッター」シリーズは知名度の高さに加え、主人公たちが子どもと同年代であるため、主人公たちの関係や心情をとらえやすく、言動にも共感しやすいというよさがあります。このような特徴をもつ映画の英語版と出あった子どもは、「何て言っているのだろう」「日本語で言うとどうなるかな」と、訳しながら英語の台詞に含まれるニュアンスや意味の幅にふれていくと考えました。

## ▶活動のねらいを定める

　ひろく物事をとらえることができるようになる５年生の子どもは、外国語によるコミュニケーションにおいても、目の前の相手から多様な他者へと人とのかかわりをひろげていきます。文化や習慣、考え方が自分とは異なる人と出会うこともあります。だからこそ、言葉の意味はもちろん、相手の思いや意図、言葉の真意等をくみ取ろうとする姿勢が大切であると考えます。

　映画の台詞の翻訳を通して、その言葉の背景や込められた思い、場面の状況等、非言語の情報を踏まえ、英語で話されたその台詞が一体何を伝えようとしているのか、日本語で表すとしたらどんな表現がふさわしいかを考えていく姿を期待し、ねらいを設定しました。

> 　英語の台詞を日本語に吹き替える活動を通して、登場人物の人柄や場面の状況を
> もとに英語の意味を考えたり、内容や思いの伝わり方について他者と交流したりしな
> がら、外国語を生きた言語としてとらえる。

## ▶子どもが出合う矛盾や対立を思い描く

### ①登場人物の心情や場面の状況を想像しやすいシーンを提示する

　英語の台詞を日本語で表そうとする子どもは、まず英語で何と言っているのかを聞き取ったり、字幕から読み取ったりしながら、言葉や文の意味を調べます。しかし、調べた意味をそのまま日本語の台詞にすると違和感がある場合があります。そこで子どもは、その人物が、その状況であればどんな言い方をするだろうかと考えます。言葉の意味だけでなく人物の性格、心情、場面の状況等から考えることで、台詞のもつニュアンスや意味の幅をとらえていきます。

### ②意味のズレと出合わせる

　子どもは、自分や仲間がつくった吹き替え映像や、実際に商品化されている日本語吹き替え版の映像を見比べます。そこには、映像から読み取れる文脈の範囲を超えない程度に、表現や言い方に違いが出ます。直訳からかけ離れた意訳とも出合うでしょう。同じシーンの異なる吹き替え映像を見たり、その表現を選んだ理由を聞いたりする中で、人によって受け取り方や訳し方に違いがあることに気付きます。翻訳の多様性に気付いていく中で、その台詞が伝えたいことは何なのか、日本語で表すにはどんな表現がよいのかを見つめていきます。

## ▶活動の実際

### ①日本語吹き替え映像をつくる

　初めに、「ハリー・ポッターと賢者の石」のワンシーンを英語音声、英語字幕で視聴しました。「英語だから全然分かんない」「何となく雰囲気で分かるかも」「見たことあるから知ってる！日本語だと○○って言ってるんだよ」など、子どもの反応は様々です。そこで、同じシーンの日本語吹き替え版を視聴します。「あー、そう言ってたのか」「ちょっと合ってた！」と、自分の予想と比べながら台詞を聞きました。さらに、「もっと他のシーンも見てみたい！」という声が上がります。そこで、用意しておいた「アナと雪の

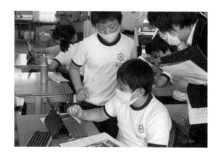

女王」「トイ・ストーリー4」「ハリー・ポッターと賢者の石」の3つの映画それぞれ
をワンシーンずつ、英語音声、英語字幕で視聴しました。「あ、このシーン好きなん
だよね」「見たことあるシーンだからなんとなく分かる」「何言ってるか分からない
けど面白そう」など、子どもが興味をもつシーンもその理由も様々ですが、それぞれ
が「訳してみたい」という思いをもっていました。そこで、子どもは訳したい作品を
1つ選び、日本語吹き替え映像をつくり始めたのです。

　子どもはまず、自分のiPad（Apple）で何度も映像を視聴しながら、翻訳アプリ
の「Google翻訳」（Google LLC）やインターネット上の翻訳サイトを活用しなが
ら、英語の台詞の意味を調べます。そして、考えた日本語の台詞を、動画編集ソフト
「iMovie」（Apple）で映像に合わせて吹き込み、日本語吹き替え映像をつくりました。

## ②複数の日本語訳を比べる

　それぞれの日本語吹き替え映像ができあがる
と、「友だちのつくった映像を見たい」という声
が上がりました。仲間がどんなふうに翻訳したの
か、自分と同じなのか違うのか、気になり始めた
のです。つくった映像を共有する場をつくると、
子どもはどんな日本語に訳したのかを比べ始め
ました。「ハリー・ポッターと賢者の石」の中で、ロンの失敗を親友のハリーが笑う
シーンでは、ロンはハリーに"Shut up."と言います。子どもがつくった吹き替え映
像では「だまれ」「だまれよ」「静かに」などと訳されていました。「ロンが言いそう
だから」「意味を調べたら『だまれ』だったけど、ちょっと強すぎるから、『だまれ
よ』にした」など、それぞれの理由がありました。最後に商品化された日本語吹き替
え版を見せることを伝えると、「一体どう訳されているのだろう」と、子どもの期待
は高まりました。そんな中、出てきた訳が「笑うなよ」です。全く予想もしなかった
言葉に、子どもは「え、笑うなよ?」「全然違うじゃん!」と、驚きの声を上げます。
良太さんは「『笑うなよ』なら他に英語あるじゃん」と、直訳とあまりにかけ離れて
いることを指摘しました。英語が得意な良太さんは、「笑うなよ」であれば"Don't
laugh."など、他に適した英語があるだろうと考えたのです。子どもの中では翻訳す
るということは、英語の意味を調べ、辞書に書かれた意味から選んで訳すというと
らえが強かったのでしょう。その上で、教師が「どの訳が好きか」と問うと、健二さ
んは「『だまれよ』はロンなら言いそう。『だまれ』は言い過ぎだと思う」と話し、聡
さんは「笑われたからちょっと怒ってるんだよ」と登場人物の気持ちを考え始めまし
た。健二さんはロンの性格を考慮して台詞を吟味し、聡さんは台詞だけにとらわれ
ず、そのシーンのロンの気持ちを想像していたのです。さらに健二さんの「英語と

日本語はそもそも違うんだよ」という指摘に、良太さんが「例えば、Ｉも日本語なら、私とか我とかいろんな言い方があるじゃん」と続けるなど、英語と日本語の言語の違いや共通点にもふれながら、それぞれが自分の考えを話しました。子どもは、複数の日本語訳を比べ、その違いについて感想を述べ合う中で、英語にも日本語と同じようにニュアンスに違いがあることや意味に幅があることに気付いていきました。

### ③映画の吹き替えから外国語への気付きを深める

　吹き替え映像を比較した後、それぞれが新たなシーンを選んで訳を考え、日本語吹き替え映像を再度つくり始めました。子どもは前回同様に、iPadを活用し、台詞の意味を翻訳アプリや翻訳サイトで調べました。

　千紗さんと咲菜さんは「アナと雪の女王」のアナとエルサの会話シーンを選びました。

（千　紗）「Readyは…『準備ができた』だって」
（咲　菜）「あ〜、『行くよ？』みたいな？」
（千　紗）「『準備はいいですか？』とか…」
（咲　菜）「ん〜『行くわよっ！』かな…」
（千　紗）「『行くわよ？』じゃない？」
（咲　菜）「うん、『行くわよ？』がいいね。だって『準備はいいですか？』なんて、２人は
　　　　　姉妹なんだから、そんなこと言うわけないよね」

　２人は、調べて分かった直訳をもとにしながらも、登場人物の関係性や場面の様子に着目して訳をつくり変えていたのです。"Ready?"＝「準備はいいですか？」というとらえから、「準備ができているかどうかを尋ねている表現」というふうにとらえをひろげ、そこに含まれる多くの表現の中から、登場人物の関係性等を考慮して「行くわよ？」を選び出したのです。まさにそれは英語のニュアンスをとらえ、それを日本語で表現していた姿であったと言えます。

　吹き替え映像をつくる中で、言葉の意味が正しいかどうかだけでなく、話し手の心情や状況、相手との関係などを踏まえて翻訳について考えたことが、英語の言葉がもつニュアンスに気付くことにつながったといえます。「『だまれよ』はロンなら言いそう。『だまれ』は言い過ぎだと思う」と、登場人物の性格に着目した健二さん。「笑われたからちょっと怒っているんだよ」と、場面の様子から登場人物の心情を想像した聡さん。「２人は姉妹なんだから、そんなこと言うわけないよね」と、登場人物の関係性から台詞の意味を吟味した咲菜さん。本活動は、彼らが今後、実際に英語を使って会話をするときに、その場の様々な情報をもとに相手の様子や状況を推し量りながらやり取りすることにつながっていくと考えます。外国語を生きた言語としてとらえながら慣れ親しんだ語彙や表現を増やしていくことが、外国語によるコミュニケーションの基礎をつくることにつながると考えます。
　　　　　　　　　　　　　　　　　　　　　　　　　　　　　　（丸山考平）

# 「吹き替えOne Scene」について

研究協力者　上越教育大学准教授　長谷川佑介

　2020年度より外国語活動は3〜4年生で実施されることとなり、5〜6年生では教科として外国語が教えられることとなった。英語でやり取りをする楽しさやゲーム性なども大切にしながら、いかに理解可能なインプット（comprehensible input）の量を確保し、実際に表現を話したり書いたりするアウトプットの活動に繋げていくかが重要だ。そのような流れの中で、あえて英語を和訳する活動を実践の中心に据えたこの「吹き替えOne Scene」は、ある意味で勇猛果敢なチャレンジであった。

　本実践では、児童はタブレット端末を自由自在に使いながら『ハリー・ポッターと賢者の石』などのワンシーン（英語版）を繰り返し視聴し、登場人物の表情や場面設定などに沿った自分なりのセリフを考案した。その後、実際に動画編集アプリを活用しながら日本語で吹き替えてみるという体験をし、教室内でその鑑賞会を行った。ICT機器を用いた学習は児童にとってはもはや日常の一部となっており、たいへん見応えのある鑑賞会となった。

　この授業をデザインするうえで最も重要だったのは、訳し方のバリエーションに触れさせるという部分であった。丸山教諭は吹き替え鑑賞会を行う前にセリフの例をいくつか示し、そして発表活動の後にも自分と他者の発表内容（吹き替え）を比較させるという手順を踏んでいた。このように異なる事例を比べるという過程が、言語や文化に対する気づきを促したり、教室内での活発な議論を生み出したりする際の火種になると考えられる（詳しくは『「思考力」を育てる：上越教育大学からの提言1』のpp. 255-281を参照）。

　たとえば児童は"Shut up, Harry."というセリフを「静かに、ハリー」などと吹き替えていたが、実際の日本語版では全く異なる表現で吹き替えられており、ロンが「笑うなよ」と言った瞬間には教室中でどよめきが起こっていた。そもそも外国語を翻訳する場合には、①字義的な意味を逐語訳するか、②語用論的な機能に即して訳すか、③その場面や状況における好ましさを考慮して訳すかといった異なるレベルの訳し方が存在すると言われている（Cook, 2010）。今回の実践は、児童がそのような違いに初めてふれる機会となったのかもしれない。

　この日、児童は英語とその和訳が必ずしも一対一の関係ではないことに気づき、言語表現の機能に注意を向けるという体験をした。たとえば教科書で習う"Can you...?"のような表現も、相手の能力を問うときだけでなく、相手に何かを依頼するときにも使える。今後、英語を用いたコミュニケーションの機会を増やしていくうえで、今回の実践が有効に働くことを願いたい。

〈参考〉
Cook, G., *Translation in language teaching.* Oxford University Press, 2010.

### 「問い」が立ちあがる子ども

　僕は、柵はなくしちゃいけないと思うんだ。だって、柵をなくしたら、ヒツジさんを杭でつないでおかなきゃいけないでしょ。杭でつないでおいたら、遠くに行くことができないから、杭の周りの草しか食べられないよね。だったら、柵の中にいれば、柵の中を走ったり、柵の中の草をいっぱい食べたりできるから、そっちの方が自由だと思うんだよね。

(「柵について」の子どもの発言より)

## ▶実践道徳の重点内容

　私は、実践道徳の年間活動構想を思い描く際に「つながりについて」を重点内容の一つとしました。人類の歴史を見つめてみると、人・もの・ことがつながりをつくることは、古来より社会の構造として位置付けられ、社会そのものをよりよく構成することに寄与していたと考えるようになりました。一方で、現代を生きる我々には、時間・空間の自由のように多くの選択の自由が与えられています。これに起因してか、現代社会はしばしば無縁社会と表されることがあるように、個と個のつながり、社会と社会のつながりが希薄になっていると考えられています。日本で大切にされてきた縁という概念が失われかけているとも考えられます。

　子どもは創造活動「もこもこえん」で、4頭のヒツジとの生活をつくりながら、自分とヒツジ、仲間、学級集団などとのつながりをつくります。そして、ヒツジとの出

あいから別れに至るまでの過程全てを通して、これらのつながりについて見つめます。身体的なつながり、精神的・感覚的なつながりを実感することで、自分が生きる社会において、自分がどのようにつながりをつくり、つくり変え、時にはつながりを断ち切ってきたのかを見つめ直すことになるのです。こうして、ヒツジとの生活を基盤としながら、様々なつながりの中で生活をつくってきた自分自身に気付いていく姿を思い描き、実践道徳の重点内容を構想しました。

## ▶活動設定の意図

　子どもは創造活動「もこもこえん」で、自分とヒツジ、仲間、学級集団とつながる生活をつくり続けます。そして「もこもこえん」を中核とした学校生活でつくり出すつながりは、日々変化していくと考えました。それは、様々なつながりをもちながら社会の中を生きている私たちの生活そのものであると考えます。

　私は、人と人が、人とものやことがつながり続けるには、変化することが必要であると考えています。それは、つながる相手が変化すること、また自分自身が変化することは避けられないことであるからです。同じ様に、子どもがつながりをつくる対象であるヒツジも変化し続けています。身体が大きくなり、高くジャンプしたり、速く走れるようになったりしたことが顕著な変化であると言えます。学校の原っぱに慣れ、子どもが伝えようとしていることを少しずつ理解するようになったことも変化であると言えます。そんなヒツジが、柵を飛び越えたり、押し破ったりする姿から、子どもはヒツジが外に出たい気持ちをもっていることをとらえていました。私は、「ヒツジさんの思うようにさせてあげたい」と考える子どもがいる一方で「怪我をしたり食べてはいけないものを食べたりするかもしれないから柵からは出せない」と考える子どもがいることに気付きました。子どもは、自分とヒツジとを重ね合わせて考えることを通して、自分とヒツジとがつながりをつくり、つくり変え、つながり続けることについて思考を深めると考えました。そして、子どもが自らの中に道徳的な価値観をつくり出すことにつながると考え、この活動を設定することにしました。

## ▶活動のねらい

　対象と「同化」しながらかかわる1年生は、ヒツジと共に過ごす生活をつくり続ける中で、私がヒツジであり、ヒツジが私であるといった感覚をもつようになると考えます。ヒツジの思いを感じようとする時に、「私だったら…」と、考えを巡らせます。柵という制限された中で生活するヒツジに自分を重ね合わせることで、自分の生活にとっての柵、他者とのつながりによって生まれる制限や自由についての思考を深める子どもの姿を思い描き、ねらいを次のように設定しました。

ヒツジと柵の関係について考えることを通して、自分やヒツジにとっての自由や制限について見つめながら、他者とよりよくかかわることについての自らの価値観をつくる。

## ▶子どもが出合う矛盾や対立を思い描く

### ①「もこもこえん」の柵をつくり出す子どもを見つめる

　4頭のヒツジ（コリデール種2頭、サフォーク種2頭）と出あい、「もこもこえん」の生活をつくり始めた子どもは、ヒツジとのかかわりが変化することに合わせるように柵をつくり変えていきました。これは、子どもとヒツジとのつながりが変容していった様相であると考えます。

　5月末、ヒツジが「もこもこえん」にやって来ると知った子どもは、教室の前庭に、8m×8mほどの広さの柵を立てました。何度も柵を脱走し、原っぱで草を食べるヒツジを見てきた子どもは、「もっと広い場所がいいんじゃないか」と考え、原っぱに15m×30mほどの広さの柵をつくりました。7月に入り、雨の日が続くと「ヒツジが雨にあたらないようにしたい」という願いから、前庭の柵の中に屋根付きの小屋を建てました。8月には、ヒツジが自由に行き来できるように、前庭と原っぱをつなぐ40mほどの道を柵でつくりました。

　このように、柵をつくる子どもは、ヒツジや、ヒツジとつながる自分の思いや願いを具現化しようと活動しています。このような子どもの姿から、行為の背景に在る、子ども一人一人の価値観に目を向けることが重要です。

### ②柵と向き合う子どもの生活の事実をとらえる

　7月、柵をつくり続けてきた子どもが、ヒツジとのかかわりについての違和感を表すことがありました。昼休み、お散歩をしたいと考えた子どもがヒツジを柵の外に連れ出すのですが、「ぺこ」と「はやて」（コリデール種の2頭）はお散歩に行くのに対して、「まっくす」と「きらり」（サフォーク種の2頭）は柵の中に残されてしまっていたのです。この姿をとらえて、実践道徳「お散歩について」を構想・展開しました。

　「お散歩は、4頭一緒がいい

のか、4頭一緒でなくてもいいのか」という問いかけに対して、子どもが自身の道徳的な価値観を「表出」させながらつくり出す姿が見られました。「4頭一緒がいいと思います。自分も置いていかれたらいやだから」と、仲間と一緒であるということに価値を感じている子どもがいました。「4頭一緒だとリードが持てなくて、2年2組のガーデンを荒らしてしまうかもしれません」と、力の強い2頭を制御できずに、他の学級の活動の邪魔になることを心配し、責任をもってヒツジとかかわることに価値を感じている子どもがいました。

　このように、ヒツジとのつながりを変化させながら柵をつくり続けている子どもは、柵とヒツジ、柵と自分の間に在る生活の事実を見つめています。このような生活の事実を、長い期間に渡り、子どもの姿からとらえ続け、その変化や、変化の背景を感じ取りながら、実践道徳を構想・展開するのです。

## ▶活動の実際

### ①柵とヒツジのつながりを見つめる

　10月、子どもは、前庭の小屋の扉に何度も頭をぶつけ、扉を破ろうとするヒツジの動画を見ました。そして「なぜ外に出たいのか」ということを考えました。「広いところで走り回りたい」「もっとたくさんの草を食べたい」と思うヒツジの気持ちを想像した子どもに「『もこもこえん』の柵をなくしてもいいんじゃないか」と問いかけると、「えっ！」という驚きの声が教室に響きました。しばらくすると、「うん、いいと思うよ」「いや、だめでしょ」と自分の考えを口に出し始めました。

### ②自分とヒツジのつながりの変化から柵をとらえる

　実践道徳「柵について」の活動前の週末、置いてあった配合飼料をヒツジが大量に食べてしまい、翌日から体調を崩してしまうことがありました。月曜日、子どもはヒツジの排泄物の具合から、いつも通りではないことを感じると共に、担任からこの事実を聞きました。このような事実から、子どもはヒツジの消化によい食べ物をあげた

り、汚れたお尻を拭いたりして、ヒツジの回復を願いながら活動してきました。実践道徳「柵について」で、この事実を想起したことによって議論は大きく動き出しました。「また配合飼料を食べに行ってしまうから、柵はなければいけない」という仲間の考えを聞いた信明さん

は、「今朝も配合飼料の方に向かっていったのを僕が抑えたんだ」と、自らの体験を基に、実際のヒツジの様子を語りました。信明さんは、目の前のヒツジが実際に体調を崩していたこと、またその危険がまだすぐそこに在るということを想起していました。ヒツジの身体の具体的な事実について、自らの体験から語る姿でした。

　健太さんは、ヒツジさんの身体の安全を主張するこれらの意見に対して異論を唱えました。「ヒツジさんは、柵を出たっていつも草を食べてるだけだから大丈夫だよ！」と話し、「だって人に柵なんてないじゃん」と付け足しました。ヒツジが柵を超える度に、走って駆け付け、柵に戻すことを繰り返してきた健太さんも、自身の体験から、柵を出たヒツジがどのように過ごしているのかを語りました。6月、柵を脱走して他学級の庭園などに踏み入って荒らしてしまっていたヒツジの姿との違いについて語り、その成長を感じていた姿です。そして、人（自分）とヒツジとを重ね合わせながら、柵による制限が、ヒツジにとっても窮屈なものになるのではないかと考えたのです。人は成長するに伴って物理的な制限から解放されることと、ヒツジが学校の原っぱや自分たちに慣れ、成長してきたことから、柵という制限から解放したいと願う姿であったと考えます。

### ③柵の意味を見つめ直す

　陽介さんは、「柵がないと、杭とかで繋いでおかないといけない。だから柵があった方が自由だ！」と話しました。陽介さんはヒツジが来た当初、リードを持ち、何度もヒツジに引っ張られていましたが、次第に、ヒツジと一緒に歩いたり、飼育小屋まで競走したりするようになりました。そんな中、陽介さんは杭に繋がれるヒツジの様子や小屋の中で過ごす様子、柵の中を走り回る様子、柵の外に飛び出す様子を何度も目の当たりにしてきました。ヒツジに重ね合わせた自分が、「自由」になれるのはどんな時なのかを考え抜いた結論だったのです。陽介さんは、柵をなくす、なくさないという議論から、そもそも柵とは何のために在るのかということについて思考を深めました。ヒツジの自由の為であるとしたら、ヒツジや人が「自由であること」とはどういうことなのかを考えていました。「もこもこえん」の柵にはどんな意味や価値が在るのか、自身の体験を基にしながら、このとらえをひろげ、確かにしていった姿であるととらえています。

　自らの体験から、"ヒツジにとって──自分にとって"の柵の意味を「自問」しながら考える信明さんや健太さんの姿、柵が存在する意味を問い直し、自らの自由のとらえを「創出」しながら考える陽介さんの姿の背景には、それぞれの道徳的な価値観があることが分かります。このように子どもは、自らの体験や仲間との議論を通して、自らの中に道徳的な価値観をつくり出しているのです。　　　　　　（風間寛之）

# 「柵について」の実践について

研究協力者　上越教育大学教授　五百川裕

　附属小学校の実践道徳では、創造活動や実践教科活動、集団活動の学びの過程で迫る問題から、道徳的な問いを立て、自分を深く見つめられるようにすることを目指しています。本年度から全面実施された現行の学習指導要領において、道徳教育は、特別な教科として設置された道徳科を要としながら学校の教育活動全体を通じて行うものとしており、道徳教育の内容を、項目として整理し、それらを、関連的、発展的に捉え、年間指導計画の作成や指導に際して重点的な扱いを工夫することで、その効果を高めることができるとしています。

　本実践は、風間教諭が実践道徳における年間の重点的な主題として、自律、自由と責任、友情、信頼に関わる内容項目に関連性をもたせた「つながりについて」を設定して指導計画を構想し、取り組んだ単元の一つです。単元を振り返った風間教諭は、「柵があった方が自由だと思う」という児童の発言に注目しています。小学校1年生に、自由について一般的に考えさせるのは、まだ難しいといえるでしょうが、日々、創造活動「もこもこえん」の中で思いを寄せて関わり続けているヒツジの気持ちになって、ヒツジが楽しく過ごせそうな状態としての自由というものを考える姿を見ることができたといえるでしょう。

　「もこもこえん」の柵は当初、狭い飼育小屋からヒツジを野外に出してあげて、ロープで繋がなくとも逃げ出さない場所が目の届く教室の近くにあったらいいなという思いで作られたのでしょうが、何度も脱走する様子を見て、ヒツジが行きたい場所は好きな草がたくさん生えている場所なのだろうと考え、ヒツジの行動に合わせた柵作りをするようになっていったと思われます。そこには、それまでの生活経験を背景とする自分の気持ちに基づく主観的な考え方から、ヒツジの行動からヒツジの気持ちを推し量る客観的な考え方への変容があるように思われます。そして同時に、柵は、自分たちが飼育しやすくする自分たちのためのものから、ヒツジが暮らしやすくするヒツジのためのものに価値観が変わっていっていると考えられるのです。

　そこで、風間教諭の「柵をなくしてもいいんじゃないか」という問いかけは、その価値観の変化を子どもたちに意識化する効果をもつこととなります。柵の役割を考える中で、ヒツジの行動を制限してはいるものの、それは、自動車にぶつかったり、2年生の畑を荒らして迷惑がられたり、飼料を食べ過ぎてお腹をこわすことからヒツジを守るためのものであることを子どもたちは確認していくのです。人間のようには自律できないヒツジに許容される自由を考えてあげるのは、飼育する人間の責任であるといえます。これは道徳の内容項目、生命の尊さ、自然愛護と関連する価値観でもあります。そして柵を、自由を制限するもの（規則、マナー等）と抽象化できようになった時に、制限の価値を考えてみること、つまり、物事を多面的・多角的に考えることの価値に気づくことができるのではないかと期待します。

# 03

## 実践道徳②
## 3年「スポーツで
## 　　大切にしたいこと」
### ―集中攻撃ってあり?

**「問い」が立ちあがる子ども**

　今、私は迷っています。だってねらえば勝てるし、ねらわなかったら勝てない
かもしれないからです。「勝てなくてもいいの?」と言われ、私は「え、それは
……」勝ちたいときは、ね
らってしまう……でもどうせ
勝てないって分かっていると
きも……私って、いつもキン
ボールをやっているときは、
ねらっている……わたしって
集中攻撃をいいと思ってい
る……。

(「スポーツで大切にしたいこと」子どもの作文シート記述より抜粋)

### ▶実践道徳の重点内容

　私は、実践道徳の重点内容の一つを「スポーツについて」としました。スポーツマ
ンらしい振る舞いを表すものとしてスポーツマンシップという言葉がありますが、果
たしてスポーツマンらしい振る舞いとはどういった振る舞いなのでしょうか。時折、
勝つことを重視した競技者の行為はいきすぎた勝利至上主義として批判されることが
あります。対戦相手より、自らの勝利に対する思いを大切にすることはスポーツマン
らしい振る舞いとは言えないのでしょうか。確かに、対戦相手を敬い、正々堂々と競
技する姿は美しい姿と言えますが、勝利にこだわることもまた、勝敗があるスポーツ
にとって本来あるべき姿と考えます。このように、私自身、スポーツには対立する
様々な考えがあるととらえています。

　本実践の該当学級(3年生)で、構想・展開している創造活動「アクティブファン」

では、子どもがつくるオリジナルスポーツや地域で親しまれているスポーツを楽しみます。子どもは、スポーツを繰り返す中で、自分の楽しみをつくったり、他者と楽しみを共有したりします。その中で、スポーツを楽しむ自分やスポーツを通してつくられる他者とのかかわりを見つめ、よりよく生きようとする自分をつくる姿を思い描き、実践道徳の重点内容を構想しました。

## ▶活動設定の意図

創造活動「アクティブファン」で、子どもは、様々なスポーツを通して、同じ学級や他学級の仲間と対戦しながら、他者とのかかわりをひろげていきました。そして、対戦を繰り返す中で、勝つことの喜びやルールを守って対戦することの大切さを感じながら、活動してきました。

7月、子どもはキンボールと出合いました。これまでには経験してこなかった3チームで対戦するキンボールに魅せられた子どもは、学級内での対戦を繰り返したり、上越市スポーツ推進委員に詳しいルールを教えてもらったりしました。対戦を繰り返す中で特定の1チーム

を集中して攻撃する作戦（以下、集中攻撃作戦）が見られるようになりました。集中攻撃作戦は、ルール上規制されていないため、勝ちたいと考える子どもは、対戦相手の技量から判断した特定の1チームを狙うことで得点を量産していき、勝つ喜びをあじわっていました。一方で、狙われたチーム、同じゲームに参加しながらも狙われなかったチーム、時として集中攻撃作戦をしているチームの子どもの中には、「ずるい」「楽しくなくなる」と集中攻撃作戦に不信感をもつ子どもがいました。これらの姿に、勝つことを大切にする考えと勝つこと以外の何かを大切にしている考えの対立があるととらえ、集中攻撃作戦に対する子どもの思いについて議論することで、スポーツで大切にしたいこと、つまり勝つために全力をつくすことや自分や他者の思いを大切にすること等について考えを深める子どもの姿があると思い描きました。そして、このことが、子どもが自らの中に道徳的な価値観をつくり、スポーツを楽しむことのとらえをひろげ、自分や仲間が考えるスポーツで大切にしたいことを認め合って、スポーツにかかわっていくと考え、本活動を設定しました。

## ▶活動のねらいを定める

スポーツを楽しみながら勝つことの喜びやルールを守ることの大切さを感じてきた

子どもが、相手に勝つために、ルールでは禁止されていない集中攻撃作戦をすることの是非について考えていきます。ルールを守ることや相手の気持ちを考えるという視点から集中攻撃作戦は卑怯な作戦だととらえる子ども、勝ちにこだわるという視点から有効な作戦だととらえる子ども、卑怯な作戦から有効な作戦へととらえが変わってきた子どもが、自分がスポーツで大切にしたいことについて深く思考する姿を思い描き、ねらいを次のように設定しました。

> キンボールでの集中攻撃作戦について考えることを通して、ルールや勝敗等に対する自分の思いを仲間と共有したり、思いの変化を見つめたりしながら、スポーツを楽しむことのとらえをひろげる。

## ▶子どもが出合う矛盾や対立を思い描く

### ①対戦することに対する子どもの思いを見つめる

　5月、フライングディスクと出合った子どもは、ディスクの飛距離やディスクを的に当てた回数を競い合い、仲間と対戦する楽しみをつくりました。その中で、勝つ喜びをあじわったり、お互いがルールを守ることの大切さを感じたりしてきました。6月に3年2組とのドッヂビー大会をした子どもに、「次の対戦相手は？」と問うと、「5、6年生に挑み、それを勉強にし、もっと強くなる」「2年生と対戦して、楽しませたい」「まだ、ドッヂビーをしていない1年生としたい」と話しました。対戦することは自らの力を高めたり、他者とのかかわりをひろげたりするものであるという子どもの考えが表れました。また、「みんなで力を合わせて、5年生に勝ちたい」と、対戦を通して仲間と協力することを大切にしたいと考える子どもがいました。子どもは、創造活動「アクティブファン」での活動を繰り返す中で、対戦と自分、対戦における自分と他者について、とらえをつくり、つくり変えています。このように、スポーツを楽しむ姿を見つめたり、どのような思いや願いを膨らませているかを子どもと教師とで共有したりしながら、スポーツで対戦することのとらえをひろげる子どもの変化を見つめ続けるのです。

### ②集中攻撃作戦の試合結果に対する仲間の思いを提示する

　集中攻撃作戦が行われた試合結果とともに、「いい試合でした」と書かれた子どもの作文シートを提示します。子どもは集中攻撃作戦をすることの是非を、「いい試合とは何なのか」という視点から考えていきます。いい試合という新たな視点から集中攻撃作戦を見つめ直した時、勝つことを大事にしている子どもや汗を流すこと自体を楽しんでいる子ども、スポーツを通してつくられる人と人との関係が大切だと考える子どもなど、一人一人が道徳的な価値観をつくり、表すと考えます。そうして、子ど

もはスポーツを楽しむことのとらえをひろげていくのです。

## ▶活動の実際

### ①自分の体験から集中攻撃作戦を見つめる

　10月、普段自分たちが行ってきたキンボールの集中攻撃作戦についてどう思うかと問いました。美紀さんは、自分たちが集中攻撃されたときの思いを振り返り、集中攻撃作戦について考え、「かわいそうだと思います。私は集中攻撃作戦をされたとき悲しかったです。点ばっかり取られていくので楽しくありませんでした」と作文シートに書きました。キャッチミスが多発し、どんどん得点される状況によって対戦することを楽しめなかったのです。一方で健太さんは、「ぼくはいいと思います。みんなはかわいそうとか言うけど、自分が勝つならいいと思います。負けて泣いてしまうのは、しょうがないと思うけど、狙われて泣いてしまうのは、ちょっと違うと思います」と作文シートに書きました。創造活動「アクティブファン」で多種のスポーツでの対戦を繰り返し、仲間と共に勝利を喜ぶ経験を重ねてきたことで、勝ちたいという思いを強くしていた健太さんは、集中して狙われることをかわいそうだと考える仲間の考えを批判的にとらえました。

### ②勝ちたいという思いに気付く

　「勝てたとしても相手がかわいそうだ」という意見に対して、「じゃあ、勝てなくてもいいの？」と、寛太さんは言いました。この意見は、ねらわれることをかわいそうだと思う美紀さんの考えを揺さぶりました。そして、美紀さんは、「今、私は迷っています。だってねらえば勝てるし、ねらわなかったら勝てないかもしれないからです。『勝てなくてもいいの？』と言われ、私は『え、それは……』勝ちたいときは、ねらってしまう……でもどうせ勝てないって分かっているときも……私って、いつもキンボールをやっているときは、ねらっている……私って集中攻撃をいいと思っている……」と、作文シートに書きました。

　美紀さんは、対戦相手の立場から考えたときの自分の思いと対戦中の自分の姿のズレに気付きました。「私って集中攻撃をいいと思っている……」には、対戦相手をかわいそうと思いながらも、勝ちたいという自分の願いから集中攻撃を作戦として実行している自分を受け入れられるかどうかという迷いが表れていました。

### ③「いい試合」から集中攻撃作戦を見つめ直す

　議論の途中で、「白・・・9点、黒・・・0点、青・・・9点、いい試合でした」と書かれた作文シートを提示すると、柚希さんが、「かわいそう。0点ってさ、全然いい試合じゃない。得点が低いチームを狙い続けるのは違う」と、黒チームのメンバーの立

場から話しました。普段から勝敗よりも仲間とスポーツを楽しむことを大切にする柚希さんは、必要以上に狙い続けることは、いい試合であるとは言えないのではないかという違和感をもちました。健太さんは、「黒が0点だからかわいそうと言っているけど、勝ったからいい試合と言っている」と、話しました。勝利する喜びがあるからいい試合と考える健太さんは、対戦する上で勝つことに価値があると考えていることが分かります。寛太さんは、「いい試合ってそういう意味じゃない。それだったら、勝ててうれしかったにすればいい」と話し、陽平さんも「いい試合って、ずっと同点とか繰り返されていてさ」と続きました。2人は、学級内のキンボール大会でも優勝を目指し、勝つことにこだわってきました。しかし、いい試合とは特定の人が得られる勝利の喜びだけではなく、互いに全力で攻防することも重要であると考えたのです。いい試合とは、自分の思い、対戦相手の思い、勝敗、試合内容等、様々なことからつくられていると思考を深め、スポーツを楽しむことのとらえをひろげていきました。

　勝つことの喜びをあじわってきた健太さんが、対戦する上で勝つためにプレイすることの価値を「表出」しながら、集中攻撃作戦について考えました。「全力でぶつかることを大切にしたいです。そうすれば、勝っても楽しい、負けても楽しいと思えるからです」と、スポーツの楽しみとは、勝利に向け全力でぶつかることであり、そのとき、勝敗に限らず楽しむことができるととらえました。美紀さんは、ねらわれた相手をかわいそうと思う自分と勝つために狙っている自分の姿とを「自問」しながら、スポーツで大切にしたいことを「楽しく試合をすることを大切にしたいです。相手を傷つけてまで勝つのは、自分も悪いことをして嫌な気持ちになってしまうからです」と考えました。勝つことはうれしいが、対戦相手が傷つくようなプレイは容認できず、自分と対戦相手の思いがともに大切にされることがスポーツを楽しむことだととらえました。寛太さんは、健太さんと同じように勝つことの大切さを伝えてきました。しかし、いい試合という視点から、勝つことといい試合は別のことであるという新たな考えを「創出」しながら、互いに全力をつくすことがスポーツを楽しむことだととらえました。

　生活の事実を基にすることで、子どもは真剣に議論し、これまでの体験から自分の思いを語ったり、仲間の思いに耳を傾けたりします。自分と仲間の考えの違いや自分の考えと姿のズレに迷い、悩みながら道徳的な価値観をつくり、スポーツを楽しみ続けてきた日々の自分の姿を見つめていたのです。スポーツを楽しむことのとらえをひろげ、自分がスポーツで大切にしたいことをつくった子どもは、我先に卓球台に向かい、仲間と何度も対戦をしたり、ボールの様々な打ち方を教え合ったりする等、思いっきりスポーツを楽しんでいました。

（齋藤　晃）

# 「スポーツで大切にしたいこと」の実践について

研究協力者　上越教育大学教授　土田了輔

　今年度の実践道徳は、「生活の事実」に基づき、教師が子どもと共に議論できる対象を選定することが方針と聞きました。「生活の事実」とは、子ども達の経験外の知識を持ち込むのではなく、「毎日の『この子たち』が、実際に経験した事実」と解釈しました。

　今回話し合われた題材は、体育で行ったキンボール（対戦相手が複数いるネット型の球技）で生じた問題でした。議論の題材は、ずばり、「弱そうな1チームを集中して狙う作戦」の是非についてでした。

　スポーツに関して倫理的な問題が生じる場面は、実は大変多く、スポーツ倫理学などという学問分野も存在します。したがって、子ども達に議論の題材を提供するのは比較的簡単なのかもしれません。しかし、TVの向こうで起きていることは、他人事なのであり、子ども達が真剣になって議論するには、自身が当事者であることが何より大切なのだと聞きました。そして授業内での議論は、齋藤先生の言葉を裏付けるものとなりました。

　齋藤先生は、キンボールのルールを黒板に貼り、「ルールには『1チーム集中攻撃』はダメと書いていないね」と確認しました。子ども達は、「ルールに書いてないことならやってもいいよね」と単純明快に考える子と「書いてないことは何でもやっていいの？」とモヤモヤする子も出始めました。勝敗という結果がもはや揺るぎないものになっていたのに、弱者である1チームを攻撃し続けることに対して、「いい試合」という概念を持ち出した児童が出現しました。このことで、3年1組は、その作戦がある状況下で行われることで、「それがスポーツの行為だったのか、あるいは、別の意味をもつ行為なのか」という葛藤モードで授業は終了しました。

　実際に、勝敗が決定的になった時においても攻撃の手を緩めないことについては、プロ・スポーツの世界でも葛藤があります。

　もともとスポーツというものは、一般社会の中に現れた"飛び地"と考えられ、社会通念上、ある程度は許容されている（社会的相当性）行為群ですが、どこかでその行為が変質すると、突如として"社会"の規則が発動します。この例をみると、スポーツと社会的逸脱行為との境界は、はっきりしているようにも見えて、実は曖昧なのでした。

　そして、「生活の事実」に基づく実践道徳は、みんなで境界を確かめ合う時間として機能していたといえるでしょう。

〈参考〉
藤木英雄：「可罰的違法性」, 学陽書房, pp.87-88, 1975.

# 実践道徳③
# 4年「ルールの意味」
## —禁止にする、しないじゃない！

**「問い」が立ちあがる子ども**

　そもそも出入りを禁止にする、しないじゃなくてルールをしっかり決めておいた方がいい。

　ルールをしっかり決めて、例えば、実際には禁止にはしないけど、これを守らなかったら、禁止にしますよみたいな感じで、絶対に守るっていう心がまえをもってもらうようにした方がいいと思う。

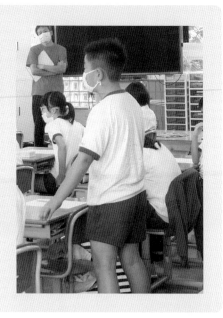

（実践道徳「ルールの意味」での子どもの発言より）

## ▶実践道徳の重点内容

　私は実践道徳の年間活動構想を思い描く際に「公共性について」を重点内容の一つとしました。公共性とは、特定の集団ではなく、社会全体に開かれていることを表す概念であるととらえます。そう考えたとき、私たちの身の周りには、不特定多数の人が訪れ、利用できる公共性の高い場が多くあります。例えば、図書館やコンビニ、公園などが容易に想起されます。公共性の高い場は、誰もが訪れ利用できるという一面がある一方で、多様な思いが交じるために思いのズレが生じやすいという一面もあります。ですので、公共性の高い場では、より一層、他者を意識した振る舞いが大切です。子どもが、その場はどのような場で、その場を他者に開くにあたって何を大切にすべきかについて体験を基に考えることが、社会の中で他者とよりよく生きる自分をつくることにつながると考えます。

子どもは、創造活動「公園ストーリー」において、地域の公園を訪れたり、校地内に「みんなのストーリー公園」と名付けた公園をつくったりしています。休み時間に多くの子どもが訪れる「みんなのストーリー公園」では、それぞれの思いや願いは尊重される

べきですが、場合によっては思いや願いがぶつかり、不快な思いをすることもあるでしょう。自分たちがつくった「みんなのストーリー公園」を、みんながいつでも気持ちよく過ごせる公園とするには、どうすればよいかについて考えることが、社会の中で他者とよりよく生きる自分をつくることにつながる考えます。このような子どもの姿を思い描き、実践道徳の重点内容を構想しました。

## ▶活動設定の意図

創造活動「公園ストーリー」で、子どもは、校地内につくってきた「みんなのストーリー公園」という名前に、大勢の人が安全に楽しめる公園にしたいという願いを込めました。その願いの実現に向けて公園内の遊具使用にかかわるルールを設けてきました。しかし、遊具を使う子どもの中には、自らの楽しみを優先するために、他者に迷惑をかけたり危険を顧みない行為をしたりする子どももいました。そのような場面を見かける度に、ルールを守るように声をかけますが、耳を傾けてくれないこともあります。そのため、新たにルールをつくったり、全校にルールを守ることを呼びかけたりした方がよいのではないかと考える子どもがいました。その一方で、ルールをつくったり全校にルールを守ることを呼びかけたりすることが、訪れた人の自由を奪うことにつながると考える子どももいました。私は、ルールをつくり、徹底することに違和感を抱いている子どもをとらえ、公園の在り方をルールの視点で見つめる活動を構想しました。自分と他者、公園の管理者と利用者といった立場を行き来しながら、道徳的な価値観をつくり、社会の中で他者とよりよく生きる自分をつくる子どもの姿を思い描いたのです。

## ▶活動のねらいを定める

本学級の子どもは、「みんなのストーリー公園」をつくる管理者であると共に、公

園で楽しみをつくる利用者でもあります。両方の立場から、ルールの意味について考えたり、話し合ったりすることで、ルールのとらえをひろげていく姿を思い描き、ねらいを次のように設定しました。

> 公園で過ごす人の様子や自分が実現したい公園について見つめることを通して、ルールの必要性について考えたり、仲間とルールの意味について話し合ったりしながら、ルールについてのとらえをひろげる。

## ▶子どもが出合う矛盾や対立を思い描く

### ①公園で大切にしていることを自覚する子どもをとらえる

子どもは、「みんなのストーリー公園」に次のようなルールを設けました。

> ○ ブランコは立ち乗り禁止
> ○ やぐら（写真参照）に乗ることができるのは5〜6人まで
> ○ ハンモックに乗ることができるのは2人まで
> ○ 貼り紙がしてある（制作途中の）遊具は使わない

これらのルールは、これまでに公園で遊んでけがをした子どもや危険な遊具の使い方をしている場面を話題にして話し合う中で、「安全な公園にしたい」「訪れた人が安心して遊べるようにしたい」という願いから設けました。本活動では、「みんなのス

トーリー公園」にルールを設けた経緯や理由を振り返ります。子どもは、ルールに込めた公園への願いについて思い返し、自らが公園に対して大切にしていることを自覚していきます。

### ②ルールを徹底することへの迷いをとらえる

休み時間、大勢の子どもが「みんなのストーリー公園」を訪れ、楽しく遊ぶ姿が見られます。しかし、遊ぶ子どもが増えたことで、ルールを守らないでけがをしたり、遊具で危険を伴う使い方をしたりする子どもが増え、トラブルが目立つようになりま

した。その様子を見た当学級の子どもは「ルールを徹底した方が良いのではないか」と考え始めました。ルールを徹底することで、利用者が安全に気持ちよく過ごすことができると考えたからです。

　しかし、なかなかルールを呼びかけようとはしません。ルールを徹底することが利用者の行動を制限し、窮屈な思いをすることになると考えていたからです。その背景には、安全に過ごせる公園と、自由に過ごせる公園のどちらを大切にしようかという迷いが子どもの中にあったのです。

　このような子どもの姿をとらえ、子どもに「ルールを守らない人は、公園を出入り禁止にするべきですか」と問います。「出入り禁止」という強い言葉で問うことで、安全に過ごせる公園と自由に過ごせる公園のどちらを大切にしたいと願っているのかについて考えたり、ルールの意味や公園におけるルールはどのようにあるべきなのかについてとらえ直したりしていくと考えました。子どもは、対立する価値観の間で揺れ動きながら公園におけるルールの意味について考えることを通して、自らがどのような公園をつくっていきたいのかについて見つめます。

## ▶活動の実際

### ①ルールの意味を見つめる

　「みんなのストーリー公園」で設けてきたルールの内容を確認し、ルールを設けた経緯や理由について振り返る中で、4つのルールには「けがを防ぎたい」「遊具が壊れないようにしたい」「訪れた人が気持ちよく過ごして欲しい」という願いが込められていることに気付きました。その願いの根本には「大勢の人が、安全に楽しめる公園にしたい」という公園に対する思いがあることを自覚したのです。

　そこで、「ルールを守らない人は、公園を出入り禁止にするべきですか」と問いかけました。子どもは、「え？」と驚いたり、「難しいな」と困惑したり、「それはあり得ない」と強く否定したりと、様々な反応を示しました。そして、作文シートに、問いかけに対する自分の考えを書くように伝え、それを基にお互いの考えを交流しました。

　静恵さんは「禁止にしたら公園とはいわないと思うのです。みんなが来るからこその公園だから、禁止にはしたくないです」と記述しました。静恵さんが考える公園にとって大切なことは、誰でも訪れることができることであり、公園という場のとらえと、ルールを設けることとのつながりを見つめ始めていることが分かります。秀樹さんは、「出入り禁止にしても、ルールを破ったら出入り禁止にするというルールを破る人が出そう」と話し、宏一さんは秀樹さんの考えに加えて「出入り禁止にすると

なったら、僕たちがずっと見ていなければいけない。監視しているみたいで嫌だし、そんなことできない」と話しました。秀樹さんは、現実的にそのような罰則を運用することの難しさを指摘しており、宏一さんは、監視するような行為は自分たちが実現したい公園には相応しくないと考えていました。このように、公園のもつ自由な雰囲気を大切にしたいという思いから、「出入り禁止」という罰則を設けることに対して否定的な子どもが多くいました。

　一方で、罰則を設けることはやむを得ないのではないかと考える子どももいました。沙樹さんは、罰則を設けることに反対する考えを聞き、「でもさ」とつぶやき、続けて「公園でけが人が出てしまっては困る。ルールを守れないのであれば、けがを防ぐために出入り禁止にすることも仕方ない」と話しました。沙樹さんは、静恵さんや秀樹さん、宏一さんの考えに共感しながらも、公園で遊ぶ人の安全を守る具体的な手立てがないことを心配し、迷いながらも罰則を設けることはやむを得ないと考えたのです。

### ②ルールの意味をとらえ直す

　罰則を設けるべきかどうかについて話し合う中で、宏一さんが、「出入り禁止にするかどうかではないのではないか」と話し始めました。「そもそも出入りを禁止にする、しないじゃなくてルールをしっかり決めておいた方がいい。ルールをしっかり決めて、例えば、実際には禁止にはしないけど、これを守らなかったら、禁止にしますよみたいな感じで、絶対に守るっていう心がまえをもってもらうようにした方がいいと思う」と話しました。宏一さんは、それまでも「公園は、誰もが楽しめる場所であるべき」と考えてきました。この宏一さんの発言は、ルールとは何かを制限したり、罰を与えたりするためのものではなく、公園を訪れる人にとってよりよくなるためのものだと、新たにルールの意味をとらえ直している姿といえます。

　自らの体験で得た実感と公園に対して大切にしたいことを基に、公園がもつ自由さを大切にしたいという思いや、罰則を徹底することは困難だという思いを「表出」しながら考えをつくる静恵さんや秀樹さんの姿、安全に過ごせることと自由に過ごせることの間で「自問」しながら、訪れる人の安全が大切だという考えをつくる沙樹さんの姿、そして、ルールの意味について、みんながよりよくなるためというとらえを「創出」しながら考えをつくる宏一さんの姿の背景には、それぞれの道徳的な価値観があることが分かります。このように子どもは、生活の事実を見つめ、葛藤しながら道徳的な価値観をつくり、ルールのとらえをひろげていったのです。　（倉井伸太郎）

# 「ルールの意味」の実践について

研究協力者　上越教育大学教授　林　泰成

　2018（平成30）年度には小学校で「特別の教科　道徳」の完全実施がスタートしましたが、その議論は、教育再生実行会議のいじめ対応から始まりました。そして、そのことは、道徳科授業に対して、実際の道徳的な行為や行動につなげることを強く求めることになったと言えます。しかし、一方で、教科化では、教科書が使用され、教材をとおして道徳的諸価値についての理解を深めることになりますから、道徳科授業での学びが実際の行為や行動につながりにくいという一面もあり、隔靴掻痒の感があります。

　これに対して、本校「実践道徳」は、より実践的な取組みとなっています。4年1組では、「創造活動」として実践されている「公園ストーリー」と結び付けて、自分たちの実践の中での道徳的な学びを進める形をとっています。

　4年1組の「公園ストーリー」は、校地内で、自分や他者が楽しめる公園づくりを行う活動です。そこには、自分たちが楽しむだけでなく、社会とのつながりを考えさせるような活動が自然な形で挟み込まれていきます。

　「ルールの意味」と題された「実践道徳」の授業では、公園におけるルールの必要性について議論し、「ルールを守らない人は公園への出入りを禁止すべきか」という問題について、みんなで議論しました。「公園はみんなが楽しむ場所なのだから禁止すべきではない」という意見もあれば、「他の人に迷惑がかかるから禁止すべきだ」というような意見もありました。黒板には、モラルジレンマ授業のように、「禁止にする」と「禁止にしない」という語が書かれ、それぞれの意見が書き加えられていきました。モラルジレンマの授業と違うのは、この議論が、実際に子どもたちが作っている公園の利用方法に影響していくという点です。

　モラルジレンマ授業の発案者は、アメリカの心理学者コールバーグですが、彼は、晩年に、仮説的なジレンマを通した議論だけではだめだと考えて、現実の問題を問題解決的に取り扱うジャストコミュニティアプローチを提案しました。本校の取組みは彼の発想に由来するわけではありませんが、しかし、ここにも、コールバーグの発想と同様の実践と強く結びついた道徳教育の必要性を垣間見ることができます。「問題解決的な学習」という用語は、教科化に伴う学習指導要領の改訂の際に、道徳科の指導法の一つとして記されたものでもあります。

　本校のこうした取組みに対しては、私は、10年後、20年後の道徳教育の一つの形として、大きな期待を寄せています。

# 04 集団活動 音楽集会「ハイサイ踊人」
## ―踊りながらつくられる学級集団

**「問い」が立ちあがる子ども**

　1年生と一緒に活動をして互いのパフォーマンスを見せ合いました。1年生は思いっ切り楽しんでいて、見ていてワクワクするエイサーでした。私たち6年生はというと、まだまだバラバラで、思い切り楽しんでいる人も少ないように感じます。みんなで心を一つにして、楽しみながら笑顔で踊れるようにしたいです。エイサーは沖縄の踊りです。沖縄の人は明るくて仲がよさそうに感じます。私たちがそれをエイサーで表現することが必要だと思います。

（「ハイサイ踊人」子どもの作文シートより）

### ▶活動設定の意図

　当校の集団活動の一つに、音楽集会があります。全校、学年、学級、プレイングチーム（異学年集団）など、子どもは様々な集団で音楽活動をすることを通して、音楽の楽しさをひろげ、集団で表現する喜びを味わいます。

　学習指導要領 音楽科では、「我が国や郷土の音楽に関する学習のさらなる充実」が求められています。音楽集会を構想するにあたり、日本の郷土音楽のよさにふれる活動を取り入れていきたいと考えました。そこで注目したのが沖縄の伝統芸能「エイサー」です。雪国新潟に住む子どもが、1年を通して暖かい沖縄の伝統芸能にふれることで、多様な郷土音楽や文化の一つに主体的にかかわることができると考えました。また、エイサーを学級ごとのパフォーマンスとしてつくる中では、仲間とアイデ

アを出し合ったり、教え合ったりする子どもの姿があるでしょう。郷土音楽や文化にふれながら、エイサーをつくる過程で自分の役割を見付けたり、仲間のよさに気付いたり、学級の一体感や成就感を味わい、よりよい集団をつくろうと思いを膨らませる子どもの姿を思い描き、「ハイサイ踊人」の活動を構想したのです。

## ▶対象を設定する

エイサーは、沖縄の伝統芸能であり、お盆の時期に先祖の霊を送り出すために、唄と囃子にあわせて踊るものです。現在、エイサーは沖縄県内にとどまらず、県外、そして海外でも踊られるようになりました。そして、一種の踊りやダンスとして発展し、時期や地縁に囚われず、イベントや結婚式などで披露される機会が増えています。こうしたエイサーは「創作エイサー」と呼ばれ、独自の音楽や振り付けで創意工夫ができます。本活動では、琉球音階と琉球楽器による音楽を介し、子どもが一体感、躍動感、力強さを感じながら、仲間と共にパフォーマンスをつくり上げていくことを思い描きました。

## ▶活動のねらいを定める（6年生）

学級で創作エイサーのパフォーマンスをつくるにあたり、6年生の学級集団だからこそ、「みんなで踊るとはどういうことなのか」「どうしたらよりよい学級パフォーマンスになるのか」と考え、時に意味付けながらパフォーマンスをつくっていく姿を期待します。このことから、ねらいを以下のように設定しました。

> 創作エイサー（学級パフォーマンス）における仲間とのかかわりを通して、学級集団の中の自分を見つめたり、よりよい集団をつくろうとしたりする。

## ▶子どもの湧き上がる思いや願いを思い描く

### ①創作エイサーをつくる条件提示

創作エイサーをつくるにあたり、3つの条件を提示します。1つ目は沖縄の雰囲気を感じる琉球音階（レとラがない音階）の楽曲を選ぶことです。琉球音階で成り立っている20曲程度の楽曲を候補曲として挙げ、子どもが楽曲を選びます。2つ目は、琉球楽器パーランクーを使用することです。沖縄からパーランクーを取り寄せ、一人一個の琉球楽器を使用できるようにします。琉球音階と琉球楽器により、沖縄の伝統芸能の特性やよさを感じ取ることができます。3つ

【パーランクー】

目は、しゃがむ、回る、跳ぶ動きを基本の型とし、その型を使用することです。型を組み合わせたり、アレンジしたりしながら、子どもが創作エイサーの振り付けをつくることができるようにします。仲間と考えを出し合いながら、創作エイサーをつくる過程を大事にします。

【ポーズ】

【跳ぶ】

【回す】

【打つ】

### ②自分や仲間の思いに触れる場の設定

学級パフォーマンスをつくっていくには、一人一人の子どもが積極的に創作エイサーにかかわっていくことが大切です。そして、エイサーをつくる過程で抱いた思いを作文にしたり、その思いを互いに伝え合ったりする機会を設定します。創作エイ

サーに取り組んでいく過程で、仲間の思いに気付きながら、学級が一体となっていくことを大切にします。

## ▶活動の実際

### ①期待をつくる

音楽集会を主催するミュージックプロジェクトが楽曲の演奏練習を始めるようになりました。時折聞こえてくる音楽に、子どもは音楽集会の時期が近づいていることを感じました。

ある日の朝の会のことです。ミュージックプロジェクトの子どもが学級の仲間に真剣な面持ちで、次のようなこと伝えました。

「今年は音楽集会でエイサーという沖縄の踊りで学級パフォーマンスをつくります。6年2組は順番が最後になります。頑張りましょう！」

仲間はこの知らせを聞き、「楽しみだね！」と期待を膨らませたり、「プレッシャーだよ」と不安を口にしたりしました。時間をとって、学級でどんなパフォーマンスをつくりたいかを聞いてみたところ、「6年生は最後だから、今までで一番よかったと思えるパフォーマンスをつくりたい」「去年までの自分がそうだったんだけど、やっぱり6年生はすごいなって、僕らもそう思ってもらえるようなパフォーマンスをしたい」と思いを語りました。仲間の声を聞きながら、これからつくる学級パフォーマンスに、少しずつ期待が膨らんでいきました。

　音楽の時間に、音楽専科からエイサーの基本の動きの確認がありました。子どもは、実際に動いたり、動画を視聴したりしながら、エイサーがつくり出す独特な世界観や一体感を感じ取っていきました。すると音楽の活動後には、学級担任のところに詰めかけ、「早く取り掛かりたい」と訴えました。トントン拍子でダンスリーダーや曲が決まりました。曲決めでは、音楽専科から示された候補曲を何度も聞き、「豊年音頭」という曲に決めました。「順番が最後なのだから、エイサーらしさが一番伝わるものがよい」と判断したのです。この後は、ダンスの振り付けを試行錯誤しながら決めていきます。決めた振り付けを学級全体で合わせていき、エイサーが少しずつでき上がっていく過程は、子どもにとってとてもやりがいを感じられるものでした。

### ②仲間と思いを伝え合い、つくり、つくり変える

　振り付けの大部分が決まり、残りの振り付けを相談していた日のことです。不意にある子どもが、「何だか動きがエイサーっぽくないものばかりになってきてる気がする」と話し出したのです。続けて、「振り付けがJ-POPっぽくなってきているから、エイサーらしい動きを増やした方がいいと思う」と自身の考えを伝えました。そしてそれに頷く仲間の姿がありました。ダンスリーダーは自分たちが考えた振り付けの変更を迫られて困惑します。「そんなことを言うなら、どんな振り付けにしたらよいか教えて欲しい」とも話しました。険悪なムードが学級に漂いました。ただならぬ様子を察知し、麻那さんは、「エイサーの基本の動きにアレンジを入れることがいいんじゃないかな」とアイデアを出しました。ダンスリーダーがその動きを「こういう感じ？」と実際にやってみせてくれました。すると、それを見た仲間が「エイサーっぽくなったんじゃないかな！それでまずやってみたい」と話し、活動を再開させたのです。こうしたやり取りは何度もありましたが、意見を出し合いながら、振り付けが最後まで決まりました。

### ③大事にしたいことを見つめる

　学級全体では動きを揃えることを繰り返しました。しかし、完成度は高まってはいくものの、逆にエイサーを踊ることを楽しむ気持ちは薄らいでいくようでした。そこでダンスリーダーから、他の学年の様子を見に行きたいという提案がありました。他

学年の取り組みを見ることで、やる気が高まるのではないか
と考えたのです。1年生に声をかけたところ、快く引き受け
てくれ、パフォーマンスを見せてくれました。曲が流れると
体いっぱいで踊り、力いっぱいパーランクーを叩く姿があり
ました。動きが揃っているとは言えませんが、曲に合わせて
創造活動での楽しみを、声を合わせて伝えたり、一人一人が
楽しそうに踊ったりしている姿は、6年生にとって非常に響
くものがありました。交代して6年生がやっているときには大きな声援を送ってくれ
ました。教室に戻り、作文シートを書くように促したところ、「1年生はパワーがす
ごかった」「学級パフォーマンスのよさはダンスの上手さだけではない」などと子ど
もは記述しました。いつも先頭に立って活動していた麻那さんは、今の学級の様子を
とらえ、「エイサーは沖縄の踊りです。沖縄の人は明るくて仲がよさそうに感じます。
私たちがそれをエイサーで表現することが一番重要だと思います」と綴りました。

　ここで、エイサーへの取り組みについてじっくり語り合う時間を設けました。その
中では麻那さんの思いも紹介しました。すると、「このままではいけない」「見ている
人を勇気づけるように、笑顔で踊らなければいけない」という考えが出てきました。
ダンスに後ろ向きな姿があった子どもも、「あと少しで本番だし、ここまできたらみ
んなでいい思い出をつくりたい」と話しました。学級パフォーマンスを通じて、動き
は揃ってきているのに、気持ちが一つになり切れていなかった子どもが、学級で思い
を一つにして最高のパフォーマンスをつくるということに意識を向け始めたのです。

　音楽集会当日は緊張感の漂うステージでした。注目が集まる中でのパフォーマンス
は、最初の掛け声が小さいように感じました。しかし、全校の仲間が掛け声を一緒に
かけてくれたり、最後のパフォーマンスを一生懸命盛り上げてくれたりしたことで、
大成功のエイサーとなりました。発表を終えて、教室に戻った麻那さんは作文シー
トに「今までで一番、そして6年間で最高の音楽集会になりました」と振り返りまし
た。

　この日を乗り越えた6年2組はその後の活動で、集団としての一体感をつくり出す

ようになりました。音楽
集会を通じて、仲間の思
いに気付きながら、踊る
ことでつくられていく学
級集団があったのです。

（渡辺奈穂子・倉又圭佑）

# 人とつながるための「仕掛け」

研究協力者　上越教育大学准教授　尾﨑祐司

　特別活動は、「なすことによって学ぶ」ことを方法原理とし、「集団や社会の形成者としての見方・考え方」を働かせながら様々な集団活動に自主的、実践的に取り組み、互いのよさや可能性を発揮しながら集団や自己の生活上の課題を解決することを通して、資質・能力を育むことを目指す教育活動と位置付けられている。その一方、小学校学習指導要領（2017（平成29）年告示）の改訂の趣旨では、更なる充実が期待される今後の課題が以下のように提示されている。例えば、「各活動・学校行事において身に付けるべき資質・能力は何なのか、どのような学習過程を経ることにより資質・能力の向上につなげるのかということが必ずしも意識されないまま指導が行われてきたという実態も見られる。特別活動が各教科等の学びの基盤となるという面もあり、教育課程全体における特別活動の役割や機能も明らかにする必要がある。」といった特別活動の役割や機能の明確化がある。また、「内容や指導のプロセスの構造的な整理が必ずしもなされておらず、各活動等の関係性や意義、役割の整理が十分でないまま実践が行われてきたという実態も見られる。」といった「内容や指導のプロセスの構造的な整理」についての指摘もある。

　つまり、音楽の活動についても例外ではない。たとえ従来と同様の活動であっても、音楽科の学習との違い、集団活動に音楽を導入した目的、そして育みたい資質・能力について明確な説明責任が求められるようになったと言えよう。

　今回の渡辺教諭の実践は、音楽を介した「人とのつながり」を目的に据え、沖縄の伝統芸能「エイサー」を教材に設定した。このエイサーの教材性は、前述のとおり「学級パフォーマンスとして、エイサーの振り付けやかけ声、配置や構成を決めていく過程」にある。例えば、クリストファー・スモールが提唱した、「音楽するmusicking」という音楽する身体の文化的・社会的側面に集団活動の意義を見出したと説明することも可能である。

　いずれにせよ、この実践の評価すべき点は、エイサーの基本的な振り付けや掛け声の他に学級で具体的な配置や構成など話し合う「仕掛け」がある点である。話し合うためには議論の論拠が必要である。そのためにはエイサーについて調べたり、動画でパフォーマンスを視聴したりといった調べる活動もあったのではないだろうか。当日は、単なるパフォーマンスの仕上がり具合の発表ではなく、各学級で全体の構成にどういった工夫を加えたのか個性を感じられる充実した発表であったことは言うまでもない。

# 05 健康教育・食育〈①健康教育〉 2年「足うらふむふむ」 —くらべてとらえる足うらの働き

### 「問い」が立ちあがる子ども

足うらくらべは、はだしのほうがはしりやすいし、じぶんの力ではしれるからよかったです。ぞうりがはきづらかったです。あと、いたかったし、はしりづらかったです。よくむかしの
人はこんなのはけたなあと
おもいます。

いまは、くつをはいてあ
るきますが、むかしは、は
だしやぞうりをはいてあるい
たり、しごとをするのがすご
いです。

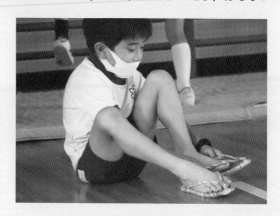

（「足うらふむふむ」子どもの作文シートより

## ▶活動設定の意図

健康教育ではからだの働きを実感する活動を通して、日常生活の中で当たり前にしていることがからだの働きによってできていることや、日々の生活の習慣がからだの働きに影響を与えることなど、生活とからだの働きのつながりに気付くことを大切にしています。このことが、子どもが自分のからだや健康の価値に気付いたり、とらえ直したりする機会となり、自分の生活習慣を見つめることにつながると考えます。健康との関係性があまり感じられないからだの部位の働きにも目を向けることで、子どもが自分のからだの見方をひろげると考えます。

「足うらふむふむ」では、足のうらに着目します。足の働きによって歩いたり、走ったり、立ったりすることができますが、子どもが足のうらの重要な働きを意識することは普段の生活の中ではほとんどないと思います。子どもは足のうらを見つめる

様々な体験から、足のアーチ構造である土ふまずの存在に気付いたり、自分が歩く、走るといった動作をする時の足のうらの動きをとらえたりしていきます。そして、足のうらのアーチの形成は運動とのかかわりがあることをとらえることで、自分の生活を見つめていく機会へとつながっていくと考えます。今まで気付かなかった足のうらのつくりや働きに、驚きや不思議を感じたり、納得したりして、からだの見方をひろげていく子どもの姿を思い描き、「足うらふむふむ」の活動を構想しました。

## ▶対象を設定する

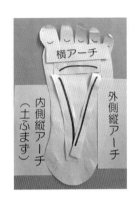

足のうらはアーチ構造になっていて、からだを支え、からだのバランスをとっています。アーチ構造は足にかかる負担を和らげたり、歩く時に前へ進む力を生み出したりしており、重要な役割を担っています。そしてこの構造は思春期に最も形成されると言われ、運動や足の指を動かすことでつくられていきます。現代は、社会環境や生活環境の変化によって、外で遊んだり、運動したりする機会が減少している傾向にあります。そのため、子どもの足は扁平足や外反母趾などの健康障害が増加していると言われています。

足のうらの成長過程にある子どもが、足のうらのつくりや働きの重要性とアーチの形成と運動とのかかわりに気付くことで、今後、成長した自分の足のうらを想像しながら、自分の生活を見つめる姿を期待します。

## ▶活動のねらいを定める

身近な対象に旺盛な好奇心をもってかかわりをつくる2年生の子どもは、自分の足のうらのつくりや働きに興味をもって活動していくと考えました。そこで自分の足形をとったり、裸足の時や履物を変えることによる足のうらの動きや感じ方の違いを実際に試したり、比べてみたりして、体感することを大切にして活動を構想しました。また、仲間と共に活動することで、自分と仲間の足形を比べたり、自分とは違った視点で考える仲間の気付きにふれたりします。体感したことと、資料や教師の話などから得る足のうらの働きとを結び付けながら、からだの見方をひろげていく子どもの姿を思い描き、ねらいを次のように設定しました。

> 足のうらの大きさや形、感覚や動きを比べることを通して、足のうらの働きを見つめたり、足の発達と運動とのかかわりに気付いたりしながら、自分の生活の仕方を考えていく。

## ▶子どもから湧き上がる思いや願いを思い描く

### ①足形をとって、仲間と比べる場をつくる

　子どもは普段、自分の足のうらの形に注目して生活しているわけではありません。そこで、自分の足形をとって仲間と比べてみる場をつくりました。子どもは自分の足形が実際どのように写るか、関心をもって足形をとることでしょう。靴底のように足うら全部が紙にぺったりと写る足形を想像しながら、足形をとる子どももいるのではないかと考えます。足形をとった後に、仲間の足形と比べる中で、自分と仲間との足形の違いや共通点を見つけながら、土ふまずの存在にも気付きます。実物を見て、比べることを通しての足のうらのつくりをとらえるのです。

### ②足のうらの動きを体感しながら遊ぶ場をつくる

　子どもは普段、靴を履いていることが多いですが、裸足になったり、普段とは異なる履物を履いたりすることで、靴を履いている時には感じにくい足のうらや足の指の動きに気付くと考えました。そこで、草履を用意しました。草履は鼻緒があるので足の指に力を入れないと脱げてしまったり、歩いたり、走ったりすることができません。さらに裸足になることで、普段よりも足のうらを意識しながら、動作をすると考えました。子どもは、靴や草履を履いたり、裸足になったりして歩く、走るという動作をくり返し、足のうらや足の指の動きの違いを感じていくのです。

---

## ▶活動の実際

### ①足形をとって、土ふまずに気付く

　始めに、教師が事前にとった足形を子どもに示すと、子どもは「とりたい！とりたい！」と声を上げました。そして、足のうらを見ながら筆で絵の具を塗った時には、くすぐったさや気持ちよさを感じていました。

　そうして写し取った自分の足形を仲間と見せ合い、足のうらの大きさや形を比べていました。そして、「足形の真ん中にあながある人とない人がいる」と話し、足形から土ふまずの存在に気付いたのです。教師が提示した赤ちゃんや大人の足形とも比べながら、赤ちゃんの足形には土ふまずがないことに気付いたり、土ふまずがある人とない人がいることに疑問をもっ

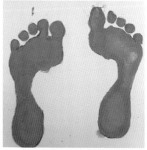

たりしました。自分や大人は歩く動きができるのに対して、赤ちゃんはそれができないということに目を向け、歩くことによって土ふまずがつくられていくことに気付いていきました。

　康太さんは、足形をとった直後、写らなかった土ふまずの部分を絵の具で塗りつぶしました。自分が想像していた足形と実際とった足形に違いがあったからです。自分の足形をとり、土ふまずの存在を知ったことは、康太さんにとって、これまでの自分のからだのイメージを覆す体験となったのです。

　また、有穂さんは作文シートに次のように書きました。

> 　「足うらふむふむ」をして、あながあいている人とあいていない人がいました。あながあいていない人はけっこうあるいたほうがいいとおもいます。あかちゃんの足にあながあいていないのはあるいていないからです。そのあなは土ふまずという名前です。

　有穂さんは土ふまずの形成と歩くこととのつながりをとらえながら、からだのつくりと生活の習慣とに関係があることに気付き、習慣を変えることについて考えていました。

### ②裸足になったり、草履を履いたりして、足のうらの動きを感じる

　草履を渡した後、子どもと一緒に体育館へ行きました。子どもは、靴や草履を履いたり、裸足になったりして足の感触を確かめながら、走ったり、遊んだりすると考えたからです。そして、伸び伸びと動くことで、足のうらの動きを感じたり、肋木や平均台に上った時に足の指に力が入ることにも気付いたりする姿を思い描きました。

　早く草履を履きたいと期待をふくらませた子どもでしたが、足の指に力を入れないと草履が脱げたり、歩いたり、走ったりできないことを感じました。裸足では、「靴よりも走りやすいけど、踵が痛くなった」、「おにごっこした時に、靴よりブレーキがかかって逃げやすい」など靴を履いている時と比べながら、普段とは違う足のうらの感覚や動きを感じていました。

### ③運動している時の足のうらの感覚や動きと足のうらの働きがつながる

　草履や靴を履いたり、裸足になったりして存分に走り、遊んだ後、子どもが感じたり、気付いたりしたことを共有しました。子どもは、「裸足だと自分からスピードが出る感じで、強く蹴ることができる」、「草履は足の指の先に力を入れないと脱げる」、「肋木は裸足の方が上りやすい」と話しました。蹴り出すときにバネの役割をしているアーチの働きや踏ん張ったり、バランスをとったりする足の指や足のうらの働きを子どもは体験からとらえたのです。そして再び、裸足になったり草履を履いたりして歩きました。「裸足だと転びそうになったときに、足でおさえつけられるからすごい」、「階段を上る時、親指に力が入って指の色が変わる」と足のうらの動きを細かく観察して、靴や草履を履いた時と、裸足になった時の体験での仲間の気付きを自分の実感としてとらえようとする姿がありました。また、和彦さんは「草履の人と今の人とでは、足のうらの成長はどちらが早いか」という疑問をもち、再び草履を履きました。「草履は足のうらをいっぱい使っているから、足のうらの成長を早くする」と考えました。和彦さんは、足のうらの形成には運動と関係があることを体験から気付いていったのです。

> 　土ふまずがアーチでとてもたいせつなやくわりをしていることがわかってたのしかったです。わたしは、6年生までかえりはあるきなので土ふまずは、かんぜんにできているとおもいます。

　活動後に萌子さんは作文シートにこのように書きました。足のうらの働きを知り、自分の生活と足のうらの成長をつなげています。萌子さんは足形から、自分の足に土ふまずがあることを既に知っていました。その上でさらに、数年後の自分の足のうらを想像し、足のうらの成長に期待を膨らませている姿ととらえます。

　「足うらふむふむ」を通して、子どもは足のうらのつくりや働きをとらえ、自分のからだの見方をひろげていきました。体験から足のうらの働きをとらえた子どもはからだの働きと生活のつながり、生活の習慣とからだのつくりの関係に気付き、自らの生活をつくっていくと考えます。

（古川美香）

# 「比較」+「体感」を通して
# 「からだ」を相対化⇔内在化する実践

研究協力者　上越教育大学准教授　留目宏美

　自分の足のうらについて、確かなイメージを持っていなかった2年生の子どもたちは、本実践を通して、足のうらをとらえ、足のうらを通してみようとする世界をひろげていきました。その過程は、①足のうらの形状、②足のうらの名称、③足のうらの動き、④足のうらの働き、⑤足のうらと生活の関係、⑥アーチ構造の意味へとつらなり、拡張していきました。

　子どもたちの内にわき起こる、ダイナミックでありながらも微細な思考の拡張を支えたのは、「比較」と「体感」でした。「比較」は、事象事物を対象として相対的にとらえ、それぞれが持つ特徴、特質を導き出す上で欠かせないものです。「体感」は、事象事物を内在的にとらえ、納得解を得たり、新たな知を創造したりする上で欠かせないものです。本実践において、これらを組み合わせた活動が2つありました。

　一つは、自分の足形をとる「体感」活動を行った後、他者の足形（仲間、赤ちゃん、先生）と「比較」する活動です。これを通して、子どもたちは、自他の足のうらを確かな対象として相対化し、とらえる契機を得ました。そして、足のうらにある正体不明の「あな」を発見します。その「あな」は土ふまずと呼ばれていることが分かると、「歩く時、土ふんでない！」「親知らずみたい！」等の声があがりました。着地感覚を想起した子、助動詞「ず」に注目した子など、各々が土ふまずと称される意味を考えながら、足のうらの名称をとらえていきました。

　もう一つは、運動靴、裸足、草履に履きかえて平場や段差を歩く・走る活動です。子どもたちは、履物や足場によって異なる足の動きを「比較」しながら、からだ全体を使って「体感」しました。この活動を通して、足のうらの機能を創造的にとらえていきました。

　自分のからだは、相対化しなければとらえる対象として意識化されにくいものです。そのため、「比較」する活動は重要な意味をもちます。加えて、健康教育においては、対象としてとらえをひろげたからだを自己に引き戻し、自分のからだとして内在化させる必要があります。また、「教えられ知」としてではなく、納得的、創造的にからだのとらえをひろげるために、「体感」する活動も欠かせません。これらのことから、「比較」+「体感」を通して「からだ」の相対化⇔内在化を往還する活動づくりこそが、本実践の特長といえるのではないでしょうか。

# 05 健康教育・食育〈②食育〉給食週間「発酵のまち上越ウィーク」
―発酵食品を追究したくなる体験を

### 「問い」が立ちあがる子ども

　なぜ、今、発酵食品が注目されているのかというと健康や美容とかによいと聞くようになったからだと思います。でも、みそとか、納豆とか普通に食べているものだから、特別な感じはしません。当たり前なことが意外に知られていなかったということかもしれません。

（給食週間を振り返った子どもの作文シートより）

## ▶活動設定の意図

　文部科学省では、毎年1月24日から30日までの1週間を全国学校給食週間と定めています。当校においても学校給食及び食育のより一層の充実と発展を図ること、その中で地域との連携を密にすることを目指して、給食週間の取組を構想しようと考えました。

　しかし、テーマ性のある給食を用意し、それを子どもが「おいしく食べて終わり」という給食週間にはしたくありませんでした。それはテーマや献立がいかに優れていても、子どもが受け身ではいけないと考えたからです。給食週間に伴って、テーマにかかわる体験を盛り込むことができたらどんなに魅力的だろうかと思い、テーマ設定や献立の工夫に加えて、プロジェクト活動（委員会活動）や地域の方とも連携して、子ども自身が食について追究したくなるようなきっかけづくりをしていきたいと考え

ました。

　そこで注目したのが、上越市の食文化である「発酵」です。給食週間のテーマとして発酵を取り上げることによって、子どもにとって身近な食を見つめる機会になるでしょう。また、子どもの体験が子ども自身の中だけでなく、子どもから家庭へのひろがりも期待できると考えます。これらのことを踏まえ、子どもの生活に寄り添うように、給食週間「発酵のまち上越ウィーク」を構想しました。

## ▶対象を設定する

　新潟県上越市は、夏は高温多湿、冬も雪による低温多湿という発酵に適した気候風土の中にあるまちです。発酵や醸造に関する研究では、坂口謹一郎や川上善兵衛が有名です。古くから生活の中に浸透している発酵は、上越地域の生活に文化として溶け込んでいます。事実、それを象徴するように市内には発酵食品をPRするポスターや表示が数多く見られます。こうした生活環境にあって、発酵をテーマとして「発酵のまち上越ウィーク」を実施することは、発酵食品に関心をもつだけではなく、改めて自分が住んでいる地域を見つめ直すことにつながると考えました。

## ▶活動のねらいを定める

　給食週間は全校の子どもに向けた取組です。1年生から6年生まで、どの学年でも食べることを通じて、普段、当たり前に口にしている食を見つめられるようにしたいと考えます。また、その中では食の楽しみをひろげたり、地域とのつながりに目を向けたりしていく子どもの姿を思い描きました。そこで、次のようなねらいを設定しました。

> 　発酵食品にかかわる食べる、つくる、知る体験をすることを通して、発酵食品への関心を高めたり、地域の食文化に気付いたりしながら、食を見つめる。

## ▶子どもから湧き上がる思いや願いを思い描く

### ①発酵食品を探せる献立づくり

　給食週間が始まる前に、給食だよりを通じて、「発酵のまち上越ウィーク」が始まることを知らせます。また、栄養教諭を通じて、各学級で発酵食品とはどのような食品なのか、幾つか具体を示したり、その特徴について伝えたりします。さらに、給食週間が始まってからは、ランチプロジェクトが毎日お昼の放送を通じて、クイズを取り入れながら献立や発酵食品について知らせます。子どもは「今日の発酵食品はどれかな?」「いくつ入っているかな?」「これも発酵食品なんだ!」と給食の見方をひろ

げ、楽しみにする姿を期待します。5日間様々な発酵食品が登場し、給食を食べながら、上越の発酵食品について知ったり、考えたりするきっかけを献立の中に取り入れます。

**②昼休みに開催するみそ玉づくり**

給食や食育の時間だけでなく、休み時間にも発酵に興味のある子どもが学んだり、体験したりできる場を提供したいと考え、「発酵のまち上越ウィーク」に合わせて、みそ玉づくりの体験会を実施します。その場でといて飲んでもよし、家に持ち帰ってもよしとして、みそ玉を楽しみながら、食を通じて全校の交流が生まれることを期待します。さらに子どもが自分でつくったみそ玉を家庭に持ち帰ることで、つくった時のことやみそを含めた発酵食品のことについて、家族にもひろげていく姿を思い描きました。

## ▶活動の実際

給食週間が始まりました。事前に配付していた給食だよりを目にしていた子どもから「いよいよ今日からだ」という声がちらほら聞こえました。給食の時間には放送でランチプロジェクトが、献立の中にある発酵食品について話しました。これまでの活動で発酵食品について学んでいる子どもが多く、どの教室でも「みそとかしょう油でしょ」と話す子どもの姿がありました。しかし、その日の献立にあるキムチも発酵食品であることを伝えると、「えっ、キムチも？」という驚きの反応が聞こえました。ランチプロジェクトから、意外に知られていない発酵食品が他にもあることを伝えられ、明日以降の献立に注目してほしいことを話しました。この放送を聞いた後の6

| 【発酵のまち上越ウィーク献立】 |
| --- |
| 1日目：ピリ辛献立（キムチ・みそ・しょう油） |
| キムチの発酵チャーハン　牛乳　厚焼き玉子<br>アーモンドあえ　大根と豆腐のみそ汁 |
| 2日目：発酵食品献立（納豆、しょう油、みそ） |
| ごはん　牛乳　ねばねば納豆春巻き<br>春雨サラダ　レルヒさんのスキー汁 |
| 3日目：外国生まれの発酵食品献立<br>（パン・ヨーグルト・しょう油） |
| 背割りコッペパン　上越サメカツ　牛乳<br>フルーツヨーグルト　ミネストローネ |
| 4日目：からだぽかぽか酒かす献立<br>（雪むろ酒かす・みそ・しょう油） |
| 上越雪むろ酒かすラーメン〜上越教育大学附属小学校バージョン〜　牛乳<br>かみかみ大豆サラダ（協力：上越市ものづくり振興センター・麺屋 あごすけ） |
| 5日目：冬の味覚かんずり献立<br>（かんずり・みそ・しょう油） |
| ごはん　牛乳　鶏肉のから揚げかんずりソース<br>ほうれん草のおひたし　かき玉みそ汁 |

年生の教室では、「しばらくは発酵食品のメニューが出てくるのか。面白そう！」「献立見ると、明日は、納豆って書いてある」「発酵食品ってなんか食材を寝かしているやつでしょ！みそとか納豆！」「そうそう、『姿を変える大豆（国語教科書の教材文）』で習った」「俺は納豆苦手。だから他の発酵食品も苦手かもしれない」など様々な声が聞かれました。発酵食品という言葉でイメージするのはみそやしょう油、納豆が多く、好みも分かれることが子どもの話から分かりました。

　翌日のメニューは納豆。そして昨日に引き続き、献立の中にみそやしょう油も入っていることを子どもは給食を味わいながら気付いていきました。「今日は３つ入っているね」と各教室を訪れる栄養教諭にも話してくれました。３日目の主食はパン。これも発酵食品であること、加えてヨーグルトも発酵食品であることに気付き、海外から日本に入ってきた発酵食品があることにも目を向けていきました。献立を見ながら、給食を食べながら、発酵食品を話題にする姿があちらこちらで見られるようになり、給食週間だという意識が子どもの中に芽生えてきたことが分かりました。

　その日の昼休みにはランチプロジェクトが主催する「みそ玉作り」の体験会を行いました。昼の放送でお知らせをしたところ、150人ほどの子どもが集まりました。何種類かのみそから一つ選び、その中に乾燥わかめやあられ、麸などを入れていきます。それぞれの好みに合わせて、みそや具を選んでから、ラップでくるんで、オリジナルのみそ玉ができあがりました。ここで食べてみたいとお湯を入れておみそ汁にし、食べていく子どももいれば、妹の分も作りたいからと２つ目をつくり始める子どもの姿もありました。このみそ玉作りの体験会は大盛況。１年生の正春さんは、作ったみそ玉を袋に入れ、リボンをして、家に持ち帰ることにしました。「これって、みそを甘みそに変えたり、白みそに変えたり、赤みそに変えたり、組み合わせは無限大だね。家のみそでも作ってみる」と話しました。

　翌日の給食は、「上越雪むろ酒かすラーメン」でした。これは、上越市内のラーメン店の方からご協力いただき、地域の特色を生かした雪むろ酒かすラーメンを当校の子ども向けにアレンジしていただいたものを提供しました。５年生は、この酒かすラーメンの開発にかかわる話を聞き、「作り手の思いや発酵食品が地域で大切にされていることを知ったことで、酒かすラーメンの味わいがまた深くなった」と振り返りました。６年生では、こうしたメニューが毎日出てくることに感激し、栄養教諭や調理員に向けてお礼のメッセージを書こうという動きが生まれ、学

級でまとめてメッセージを送りました。メッセージには次のような言葉が書かれていました。

> ぼくはそんなに発こう食品は好きじゃないけど少し好きにもなったし、なっとうはまだだけど、もっと好きになりたいです。

> 1週間と短い期間でしたが、とてもおいしく、町のPRにもなる、すばらしい給食週間、ありがとうございました。

> 私たちはふだんからはっこう食品を食べているのだと実感しました。発こう食品が色々と使われていて、もっと発こう食品について知りたいと思いました。

> なぜ、今、発酵食品が注目されているのかというと健康や美容とかによいと聞くようになったからだと思います。でも、みそとか、納豆とか普通に食べているものだから、特別な感じはしません。
> 当たり前なことが意外に知られていなかったということかもしれません。それに気付かせてもらいありがとうございました。

> しょうゆの味がして、サメカツがめちゃくちゃおいしかった。これって発酵の力？発酵って不思議だと思った。

　メッセージに書かれていた子どもの言葉に、子どもが「問い」を追究する姿がありました。発酵食品を追究したくなる体験を通じて、現れた子どもの姿であると考えます。

　給食週間の最終日、体験会でみそ玉をつくった正春さんが栄養教諭のところに来て、次のように話しました。

　「昨日、家でママとみそ玉を5個作ったよ。ママとおばあちゃんとおじいちゃんとおおばあちゃんの分。みんな美味しいって言ってくれたよ！」

　給食週間「発酵のまち上越ウィーク」で、子どもの生活に寄り添うように、献立や体験会等の工夫ができ、子どもが自分からかかわることのできる給食週間をつくっていくことができたと考えます。その中にあった素直な子どもの反応や言葉は、献立を考える上で非常に励みになるものでした。

　今後は、給食週間という期間に留めず、子どもの食に対する見方が変わったり、地域の食文化に気付いたりしていけるこうした取組を継続していくことで、学校と家庭がつながる食育を目指していきたいと考えます。

（佐藤花背）

# 「発酵のまち上越ウィーク」実践について

研究協力者　上越教育大学教授　光永伸一郎

　地域資源（地域における特徴的な自然・歴史・文化など）は、そこに暮らす人々の日常生活と切っても切れない関係にあります。上越の貴重な地域資源である発酵食品に焦点をあてた「発酵のまち上越ウィーク」の実践は、まさに「子どもにとって身近な食をみつめる機会」になったものと考えます。給食週間の中に具体的な活動や体験を位置付けることで、子どもの発酵食品に関する興味・関心を無理なく引き出すことができたかと思いますが、そこからは「おいしく食べて終わり」という給食週間にはしたくないという提案者の思いを強く感じることができました。

　近年では「発酵のまち上越」の認知度も高まり、子どもが発酵という言葉を自然と耳にする機会も増えていると思われます。活動①の「発酵食品を探せる献立づくり」においては、献立に隠された発酵食品を楽しく探すという体験を通して、漠然とした発酵のイメージを身近な食品として実感することができたのではないでしょうか。子どもの反応からは、発酵食品には意外なものもあるが、どれも普通に食べていることや、毎日の給食の献立を支えているのがみそやしょう油といった発酵調味料であることを、改めて認識している様子がうかがえます。そして、知ることは新たな興味・関心へとつながりますが、それは活動②の「昼休みに開催するみそ玉づくり」の参加人数の多さに反映されていたように思います。

　即席みそ汁の元祖ともいえるみそ玉ですが、簡単につくれて具材も工夫できるということで、家でもつくってみたいと考える子どもも多く、家庭への波及効果も期待できます。おみそ屋さんが準備してくださったいろいろな種類のみそに興味をもち、みそそのものを追求したくなった子どももいたことでしょう。続く、酒かすラーメンについては、ラーメン屋さんから開発のストーリーを聞かせていただけるという、またとない機会を得ることができました。

　上越が誇る発酵食品やそれにかかわる人々と、直接、触れ合うことのできるこの実践を通して、子どもたちは地域の食文化に関する豊かな学びを得ることができたのではないでしょうか。6年生のメッセージに書かれた言葉からも、その一端をうかがい知ることができます。自分たちにとっての当たり前は、他の地域や国の人にとっては当たり前ではないという認識も芽生えたように思います。食育を通して、地域への誇りや愛着が高まることを期待しています。

# 付章

# 上越教育大学附属小学校の研究系譜とこれから

当校は明治34年創立の高田師範学校附属小学校から現在の上越教育大学附属小学校まで、附属学校の使命を達成すべく幾星霜を経て今日に至ります。

とりわけ、昭和40年代から取り組んだ半世紀間に渡る教育課程開発研究では総合単元活動や総合教科活動を創出し、現在の生活科や総合的な学習の時間の源流となって全国に大きな影響を与えました。

## ■ 当校の教育課程研究のあゆみ

| 研究期 | 期間 | 研究の概要 | 主な研究内容 |
|---|---|---|---|
| 第一期 | 昭48〜54 | 「子ども理解の原則」に立って、五つの教育活動(教科、総合単元、総合活動、道徳、集団活動)による教育課程を編成する。 | 昭和48年<br>・低学年に「総合単元」を設定する。(昭和58年から「総合単元活動」へ)<br>昭和51年<br>・第3学年以上に「総合単元活動」を設定する。 |
| 第二期 | 昭55〜59 | 「学び方育てる」観点から「人間として生きる力」を形成する「2・3・4教育課程」の編成に取り組む。(注1) | 昭和55年<br>・発達特性に即した段階的に教育課程を編成する。(入門期、移行・拡充期、発展期)<br>昭和57年<br>・教科、総合単元活動、総合教科活動、心の活動、集団活動)で教育課程を編成する。 |

(注1)「2・3・4教育課程」の全体構造

| 入門期(1学年) | | 移行・拡充期(2・3学年) | | 充実・発展期(4・5・6年) | |
|---|---|---|---|---|---|
| 2教育活動 | 教科活動<br>(国・算・音・体) | 3教育活動 | 教科活動<br>(国・算・音・体) | 4教育活動 | 教科活動(全教科) |
| | | | | | 総合教科活動 |
| | 総合単元活動 | | 総合単元活動 | | 心の活動 |
| | | | 集団活動 | | 集団活動 |

| 研究期 | 期間 | 研究の概要 | 主な研究内容 |
|---|---|---|---|
| 第三期 | 昭60〜63 | 「生涯にわたって学び続ける基礎を築く」の視点から教育課程の充実を図る。 | 昭和60年<br>・総合的な教育活動をもつ教育課程における教科経営の在り方を明確にする。<br>昭和62年<br>・学び続ける基礎を築く教育課程の編成に取り組む。 |
| 第四期 | 平元〜4 | 「創造性を伸長する」の視点から子どもの自立的な追究の連続を目指し、教育課程の充実を図る。 | 平成4年<br>・追求の過程における指導と評価の一体化の内実と子どものとらえ・支援することを明らかにする。 |
| 第五期 | 平5〜7 | 12年間の枠組みの中で、子どもの主体的・創造的な学びの道筋を「一貫する学び」ととらえ、子どもの学びが連続・発展する教育課程を編成する。 | 平成6年<br>・発達特性から一貫する学びの意味付けを確かにし、家庭・地域社会へ学びが連続・発展する姿を明らかにする。 |
| 第六期 | 平8〜15 | 「生き生きとした子どもが育つ学校」を目指し、子どもの姿から学級カリキュラムを作成し、教育課程を編成する。 | 平成12年<br>・文部科学省の教育課程研究開発の指定を受け、幼稚園との連携を図る。 |

| 研究期 | 期間 | 研究の概要 | 主な研究内容 |
|---|---|---|---|
| 第七期 | 平16～20 | 子どもが「人、もの、こと」とのかかわりをひろげていくことを視点に「心豊かに生きる子どもをはぐくむ」教育課程を編成する。 | 平成16年<br>・「心豊かに生きる子ども」に育つ学力を関係力と規定し、その内実を明らかにする。 |
| 第八期 | 平21～23 | 人間としての生き方に着眼し、「人間社会を生きる子どもが育つ学校」の教育課程を編成する。 | 平22年<br>・「自尊感情」を定義し、子どもの「自尊感情」をはぐくむ教育活動の充実を図る。 |
| 第九期 | 平24～26 | 子どものつくる意味に焦点を当て「自分らしい生き方をつくる子ども」をはぐくむ教育課程を編成する。 | 平成24年<br>・子ども像の設定と子ども像をもとにした活動を通して子どものつくる意味をみる。 |
| 第十期 | 平27～30 | 感性に焦点を当て、「今を生き明日をつくる子どもが育つ学校」の教育課程を編成する。（注2） | 平成27年<br>・「創造活動」「実践道徳」「実践教科活動」「集団活動」の4つの教育活動を創設し、子どもの「感性」を大切にした教育課程の在り方を探る。 |
| 第十一期 | 令元～ | 子どもの立ちあがる「問い」に着眼し、「自分をつくり未来を拓く子どもが育つ学校」の教育課程を編成する。 | 令和元年<br>・「時間」「空間」「集団・社会」のとらえをひろげる子どもの様相に着目した活動づくりに取り組む。 |

（注2）4つの教育活動から編成される現在の教育課程

【創造活動】対象とかかわる豊かな体験を通して、生活の事実について、深く見
つめて考えたり、多様な他者と共に様々な視点からとらえ直したり
しながら、生きる喜びをつくり、自分の生きる世界をひろげていく
活動である。学級ごとに年間を貫くテーマを設定し、対象と息長く
かかわりをつくりながら体験を積み重ねることを大切にし、活動を
構想・展開する。

【実践教科活動】各教科の本質を内包する対象とのかかわりを通して、生きては
たらく知識や技能を自らの中につくったり、仲間と共によりよく問
題を解決したりしながら、「世界」の見方をひろげていく活動であ
る。

【実践道徳】豊かな体験からわき出る思いや願い、矛盾や葛藤を基に、他者と共
によりよさを追求しながら、道徳的な価値観をつくり、人間として
の在り方や自分の生き方を見つめ、考える活動である。

【集団活動】集団における多様な他者とのかかわりを通して、集団における自分
を見つめたり、自分と他者との関係を築いたりしながら、社会の中
でよりよく生きる自分をつくる活動である。


## ■ 未来を切り拓く人間教育を

　平成20、21年度改訂された学習指導要領には「生きる力」が明記され、求められ
る学力や培う資質・能力が明示されました。一方で、現代は速度を上げながら予測不
可能で、より複雑系な社会へと進み、不透明な未来を暗示させます。

　当校では現研究を進めていく中、社会の矛盾や対立の解決に向けて考えを深めた
り、行動を起こしたりする子どもの姿に「問い」が立ちあがる意味や未来を拓く希望
を見いだすことができました。人や事象とのかかわりを通して沸き上がる思いに心動

かされた子どもは、強くて明確な意思をもつ主体者として、自身の立場を明らかにしていきました。その姿には、出あった事象が内包する問題や課題を自分事としてとらえ、解決に向かって行動を起こす人間としての誠実さや気概が見受けられます。

　先に述べた未来を思うとき、不透明で不確実な社会を生きるためのオリジナリティは「リアルな体験」に基づく「リアルな考え」であると考えます。制度的な慣習や伝統は確実な拠り所とはなり得ず、既存のルールも希薄な現実にしかすぎません。「〜せずにはいられない」思いに駆られた人間の活力は、これからの未来を切り拓く大きな原動力になると信じます。

（副校長：松岡博志）

〈参考資料〉
・文部科学省：『小学校学習指導要領』，2017.
・上越教育大学附属小学校：「わが校百年の教育史」，2001.
・上越教育大学附属小学校：「自分をつくり未来を拓く子どもが育つ学校（2019年研究リーフレット）」，2019.

## あとがき

経営学者であり、未来学者とも呼ばれたピーター・ドラッカーは、次の言葉を残しています。

> 重要なことは，正しい答えを見つけることではない。正しい問いを探すことである。

　私たちは、子どもが思いや願いを基にして、物事の実現や解決に向かって真剣に考え、自らに疑問を投げかけながら創造的に思考したり行為したりする一連の姿を「子どもの『問い』が立ちあがる姿」と、少し深い意味を込めて定義しました。実践編で紹介したように、教師が問いを与える教育活動でなく、子どもの「問い」が立ちあがる教育活動をつくるのです。教師は、子どもが「今、ここ、私」を起点としながら、【時間】【空間】【集団・社会】のとらえをひろげていくことを支えます。

　「ヒツジの柵は本当に必要なのかな？」と考え続ける1年生。「もっとよい句をつくるには？」と試行錯誤を重ねる2年生。「いい試合って何だろう？」とスポーツの見方をひろげる3年生。「ルールは何のためにあるのか？」と自分の価値観を問い直す4年生。「水に発泡入浴剤を入れたら重さが減ったのはなぜ？」と、法則とは矛盾する結果の原因を明らかにしようとする5年生。「新紙幣の人物はなぜ近代の人物なのか？」と近代を見つめながらも現代につながる普遍的な価値を見出す6年生……。

　このような子どもの「問い」が立ちあがる教育活動は、新学習指導要領で謳われる「主体的・対話的で深い学び」を実現するだけでなく、急速な変化と複雑化する社会にしなやかに対応しながら本質をとらえ、自分の生き方を見つめていくこと、つまり、正しい「答え」ではなく「問い」を探していくことにつながると考えています。

　子どもの「問い」が立ちあがる姿について、興味をもたれた方は、ぜひ当校にいらしてください。生き生きとした曇りのない瞳の子どもたちとともに熱烈歓迎いたします。そして、皆様方からのご指導、ご批正をお待ちしております。

　最後になりましたが、本書の出版に当たり、ご指導、ご寄稿、ご支援いただきました多くの方々、編集を支えてくださった学事出版の皆様に厚く御礼申し上げます。

2021年3月

上越教育大学附属小学校教頭　山之内　知行

## 本書作成（本研究）に携わった
## 上越教育大学附属小学校職員一覧

| | | |
|---|---|---|
| 校　　　長 | 大場　浩正 | |
| 副 校 長 | 松岡　博志 | |
| 教　　　頭 | 山之内知行 | |
| 主幹教諭 | 二上　昌基 | |
| 指導教諭 | 大岩　恭子 | |
| 教　　　諭 | 渡辺奈穂子 | |
| | 倉井伸太郎 | |
| | 岡田　啓吾 | |
| | 齋藤　　晃 | |
| | 笠井　将人 | |
| | 平井　恵理 | |
| | 風間　寛之 | |
| | 五十嵐徳也 | |
| | 倉又　圭佑 | |
| | 髙山　　史 | |
| | 笠井　　悠 | |
| | 丸山　大貴 | |
| | 丸山　考平 | |
| 養護教諭 | 古川　美香 | |
| 栄養教諭 | 佐藤　花背 | |

〈研究同人〉

長野　哲也

寺島　克郎

高橋　聡将

小林　健太

※役職は2021年3月現在

# 上越教育大学附属小学校

1902（明治35）年4月に、新潟県高田師範学校創立に伴い特殊の使命を帯び、新潟県高田師範学校附属小学校として授業を開始。1981（昭和56）年4月に上越教育大学の開学に伴い同大学に移管され、上越教育大学教育学部附属小学校に校名を改称。2004（平成16）年4月に国立大学法人化に伴う組織の見直しにより、現在の校名へ。

1973年に始まる第1期教育課程開発研究から、総合的な学習を中核に据えた教育課程研究に取り組むことを通して、時代を先駆ける新しい教育課程を提案している。1998年からは「生き生きとした子ども」を教育目標に掲げ、2021（令和3）年現在、「自分をつくり未来を拓く子どもが育つ学校」を研究主題とした第11期教育課程開発研究を推進している。

児童数は各学年約70名、全校で約400名。

［連絡先］
〒943-0834　新潟県上越市西城町1-7-1
TEL 025-523-3610
ホームページ https://element.juen.ac.jp/

# 子どもの「問い」が立ちあがる

2021年3月31日　初版第1刷発行

編　著　者 ── 上越教育大学附属小学校
発　行　人 ── 花岡 萬之
発　行　所 ── 学事出版株式会社
　　　　　　　〒101-0021　東京都千代田区外神田2-2-3
　　　　　　　☎03-3255-5471
　　　　　　　HPアドレス　http://www.gakuji.co.jp

● 編 集 担 当 ── 二井　豪
● デ ザ イ ン ── 細川 理恵
● 編 集 協 力 ── 上田　宙（烏有書林）
● 印刷・製本 ── 瞬報社写真印刷株式会社

乱丁・落丁本はお取り替えします。
ISBN 978-4-7619-2712-7　C3037 Printed in Japan